野鳥・水鳥・昆虫篇

コタン生物記 III

更科源蔵・更科光

青土社

コタン生物記Ⅲ　野鳥・水鳥・昆虫篇

—目次—

野鳥篇

野鳥の世界

アイヌ叙情歌のなかにイヨハイオチシというのがある。悲しみに堪えきれず泣き叫ぶ歌とでもいうべきものであるが、日高沙流谷の老婆が、若い日にうたったものをくちずさんでくれたのは、つぎのようなものであった。

風になりたや
風になりたや
鳥になりたや
鳥になりたや
鳥になったら
小さな木はその梢の上を
大きな木なら中ほどを
翼のさきでふれて飛び
あなたのそばに行って
あいたいものだが

私は神でないから
風にも鳥になれないが、
本当に風にでも
鳥にでもなって
あなたに逢いに行きたい

断腸の悲しみをうたっているこの歌の中で、「私は神でないから／風にも鳥にもなれない」という一節は、裏を返せば鳥というものは、神であるということをいっているのである。

神というものは人間の困っているとき、人間の力ではどうにもならないとき力を貸し、助けてくれるものである。野や山や海に散らばっている鳥たちは、霧にまかれて困っている人間に方向を教えてくれたり、獲物がなくてこまりきっているとき、獲物の所在を教えてくれたり、人間の知能では感じとれなくなった、自然の災害や異変を知らせてくれる有難い存在なのである。そうした人間生活の協力者が神であり、生活に何のかかわりもないものはイカシマ・チカプ（余分な鳥）と呼んだ。

野獣の姿をして人前に現われる神々の神の国は、山また山の人間の近寄れない深山にあり、海獣の形をして海に浮かぶ神々の国は、沖合遥かの人間の舟では漕ぎ寄れないところにあるが、鳥の姿をして天下ってくる神々の国は、人間の息もできない蒼穹の彼方にあると考えられていた。

しかし神の国とはいっても、光り輝やく黄金の世界ではなく、野鳥たちはこの国に帰ると、人間と同じ小屋をつくり、炉に焚火をし、時には夫婦喧嘩もし、仲間とも争い、男は彫刻をし、女性は刺繍のためにひねもす時を過し、酒をつくって歌舞の時も過す、人間界と全く同じ生臭い世界なのであると考えられていた。だから鳥の神謡のなかでも、鳥の神々は人間の姿をし、人間と同じ生活形式をしているのである。

シマフクロウ

私が昭和のはじめ屈斜路湖畔の部落《コタン》の小学校に行ったとき、昔私の家で永い間牧場番をしてくれた、カムイマ老人が白内障か何かで失明していたが、老人はその原因はコタンコㇽカムイ（村を支配する神）というシマフクロウのせいだと信じていた。

「うっかりして莫迦者《トンチカマ》に小刀《マキリ》を貸したら、それでコタンコㇽカムイの目玉を刳り抜くとき目玉に傷をつけたんだ。そのとき俺の目がチクリと針を刺されたように痛んで、それから俺の目がだんだん見えなくなったのだ。あのカムイは村を守ってくれる大事な神《カムイ》だが、間違いを起こすとおっかない神様だから大変なんだ」

と、しきりに見えない目を瞬き、クマよりも大事なこの神について幾晩も幾晩も物語ってくれた。また凍りつく湖畔の林でシマフクロウが、大地でも裂けたかのような声で叫ぶと、

「コタンコㇽカムイが魔物《エチネカムイ》を追っているんだ」

といった。この神は創世の昔、天上から人間の警護のためにおろされて、はじめはハルニレの上から地上を警備していたが、人間が多くなって遠くまで目が届かなくなったので、背の高いヤチダモの木に移るようになったという。

この鳥は釧路地方では一般にコタンコㇽカムイというが、コー・チカッポ（？）とかモシリ・コト

ロカムイ（大地の胸板の神）、コタンコㇽ・トリ（村を支配する鳥）、コタンコロ・クル（村を支配するお方）またはニヤシコㇽ・カムイ（木の枝を支配する神）とも呼ぶ。また女の人は特別にアノカ・カムイ（人間の姿をした神）という。阿寒ではすでに古式の祭事を忘れたからか、ワシとこの鳥はもったいないからとらないものであるというが、屈斜路湖畔では欠木幣《チメシュ・イナウ》で魚の形をつくって、それを川の浅瀬のところに留めておき、そこに罠を仕掛けて置くと、フクロウは川の中に白く光る魚体にまどわされて、舞いおりて罠にかかったという。罠にかかったフクロウは直ちに首をひねられて、神なる霊は肉体をはなれる。そして肉をとった洞皮には内臓と肉のかわりに、欠木幣をどっさり入れて祭壇に飾られ、純粋無垢の神に還って天上にある神の国にと送り帰されるのである。

　捕えたフクロウは皆すぐに殺して神の国に送るわけではなく、とくに洞木の中で捕えた雛フクロウは家に連れて帰り、木の枝でつくった鳥の家《チカプセツツ》で飼うと、部落を守護する神であるから、飼い主の家にふりかかる災難を除いてくれるという。しかし飼育中もし間違って神の気にいらないような不敬があると、目を閉じて怒ったら最後、とんでもない悪い災いが飼育者にふりかかるので、飼い方に厳しい掟があり、誰彼が餌をやるなどということをしない。

　こうして飼ったフクロウを送るのをクマと同じように、イオマンテ（神送り）ともいうが、カムイ・ホプニレ（神を出発させる）とか、モシリコトリ・ホプニレ（フクロウを出発させる）ともいって、これに参加できるのは古式の儀式をわきまえた位のある古老たちばかりであり、女子供や位のないものは、式場に近寄ることすらできなかった。クマ送りのように誰でも参加できる大衆的な儀式とちがって、間違いがあると村に災いが及ぶという心配のある、最も厳しい格式のある祭事だったのである。それだけに古式を知っている老人のいなくなった村から、この儀式は早々と、消えてしまったようである。

翼の付根に十文字に縄をかけ、削りかけのついた木に止まらせて、縄持ちが縄尻を持ち、古謡をうたえる二人の古老が両翼を持って、フクロウが飛ぶように勢いつけてうたい踊る。やがてフクロウを飼った家の家紋を刻んだ花矢を、飼い主が神への土産として射かけ、次に右の翼を持った古老から左の翼を持った人、縄持ち、最後に手草のかわりに木幣を持っていて、フクロウに矢が刺さったときに払いおとす役をする者が射て終わる。花矢の数は五本だけ、クマを送るときの牡が五十本、牝が六十本に比べると非常に少ない。それだけに厳粛である。

最後に後頭部を花矢で射つぶして、フクロウの神にだけあげるチカピナウ（チカプ・イナウで鳥の木幣の意）の間に首を挟んで絞殺する。そして神が部落に持ってきてくれた肉を受けとり、祭壇に飾って天上の神の国に送り帰す。

この村の守神の祭をしたあとは、狩りをする人は一年間（秋に送ると翌年の春まで）クマ狩りには行かない。シマフクロウは最高の神であるから、クマの方で遠慮して来たがらないのであるという。またクマを獲りに行ったとき、この鳥や、エゾフクロウがいてもとることをしない。やはりこれらを先にとると、偉い神が先に行ったところには、クマが遠慮して来なくなるからであるという。

釧路の白糠にもとは神謡であったという、現在は祭のときうたう歌が伝えられている。

ハンルッル　ハンルッル

フクロウ送りのシマフクロウ

山に食糧が沢山ある
川に魚もいっぱいいる
林にシカもどっさりいる

とうたいだすこの歌は、この村の守神自らがうたったものであるという。昔、フクロウ神がこの歌をうたいながら西南部の酋長ポノオキキリマの村に行くと、「何だ化物が」といって、貧乏人や女から着物の裾をバサバサさせて悪魔祓いをされた。仕方なく北東部の酋長ポノサマイクルの村に行くと、木幣をつくって感謝された。それでフクロウ神は、血の降るような飢饉の年に、ポノサマイクルの村の浜にクジラを送ってやったという。

この神謡は海獣篇のシャチのところでふれた、シマフクロウとシャチの物語や、カッコォのものとも関係があるようである。

なお釧路地方では酒を造るとき、必ず酒造桶の上にチカピナウ（鳥神木幣）をあげて、この神に頼んで、魔物に酒造りの邪魔をされないように番をしてもらう。

石狩川や天塩川などの大河をもつ日本海岸でも、この神はクマより偉い最高の神で、飼っていてもどの神よりも先に食べ物を与えられた。また飼っていると人間によくなれ、離してひとりで遊ばせると小川に行って小魚をとって食べ、遊んで帰ってくるものであったという。

一八〇〇年代の末頃に西川北洋という人が描いたという『アイヌ風俗絵巻』（函館図書館蔵）に、他に類のない「フクロ祭り」の画がある。その説明に「此フクロ祭は熊祭程大仕掛の物にあらざれ共、誠に興味あるもので、先づ細丸太を十文字に結び、其結び目にフクロの足を結び付け、正面祭壇は簡単に飾り、メノコがその周囲を円形に列び手を打ちて唄ひ出すと、倶に土人は集りて、フクロの結び付けてある十文字の細丸太を図に示す如く、多人数にて掛声面白く上下すると、フクロは驚いて羽をひろげる。土人は喜び盛んに上下するので、之れも面白きものである。」とある。

これをさきの釧路地方のフクロウ祭と比較してみると、長老だけの厳粛な祭事とは異なって、「メノコ〔女性〕がその周囲を円形に列び手を打ちて唄ひ出す……」とあって、女性もこの祭事に参加しているが、場所がどこであるか明らかにされていない。女性が参加すれば当然歌があるはずであるが、それも記されていない。私の蒐集したフクロウ送りのときの歌というのに日高浦河のものがある。

heyo o kutunke

heyo o heye

…………

(heyo o ho rrrrr)

というもので、これは女たちが家の中で坐ったまま輪唱もするが、立ちあがってうたうときには両手で着物の袖口をつかみ、両手を斜め前方にのばしたまま上体をうしろにそらし、左右に大きく身体をふるというもので、「円形に列び手を打ちて唄」う踊り歌とはちがっている。また石狩川筋の近文には、つぎのようなフクロウ神の歌舞というのがある。

hum hum（フム　フム）
chaha na（小枝だよ）
hum hum（フム　フム）

もしこの歌がフクロウ送りのときにうたわれた歌であるとすれば、このフクロウ祭の画は石狩川筋のものであったかとも思われる。

しかし私が石狩川の中流部で訊いた話では、この地方でも釧路地方と同じように、これを送るとき止まらせる木や木幣は、神の国では黄金になるというカラフトキハダか、白銀になるというミズキの木を使うという。また木幣につけるラップ（翼の意で削りかけのこと）も聖数の六片ずつをねじって十二本にするという。こうした古い風習をくずさないのは、偉い神に対して不敬があってはならないという、きびしい伝承の現われかとも思われるので、この西川北洋の画を石狩川筋のものときめることはできないようにも思われる。

また天塩川筋で調査したものは、あまり詳しくはわからなかったが、木幣はやはりカラフトキハダであり、この祭に使う酒をもるのは、家宝として最も大事にしている赤塗りの大盃《ツキ》であった。お土産にする花矢は十本から十五本であり、その他に乾魚《サッチエプ》を模様つきのガマで編んだ物入に入れ、その上に団子《シト》や木幣、小さな編籠《サラニップ》に木の実などを入れたものをのせて、お土産にした。

シマフクロウに不敬なことをしたために罰をうけたという話が色々とある。昔日高の猟師が石狩の川上で狩りをしていたとき、狩小屋の近くにシマフクロウが来て鳴いているので、「ほう、死んだ和人の幽霊だな」と悪口をいったところ、フクロウが怒って狩小屋の上に来て大声でどなった。そのため炉にかけていた鍋が割れ、猟師たちが死んだとか、また千歳のサケ、マス孵化場の中本某の父親が、カラフトキハダの木で舟をつくっていると、木の枝に雌のフクロウが止まってみていた。それを鉄砲でうって、舟に積んで川を下って来ると、途中に雄のフクロウがいてどなったので、舟が真二つに裂けてしまった。だからシマフクロウはとったり飼ったりしてはいけないものだという。

太平洋岸の十勝川筋では、釧路川筋と似ていて、シマフクロウを男はコタンコㇽ・カムイ（村を支配する神）とか、ニヤシコㇽ・カムイ（木の枝を支配する神）と呼び、女の人はやはりアノノカ・カムイ（人間の形をした神）と呼んで、クマの仔などより大事にして送った。この神はクマの行動を監督しているので、悪いクマが危害を加えそうになったときには、この神に頼むと救ってくれるという。

日高ではコタンコㇽ・カムイともいうが、多くはカムイ・チカㇷ゚（神鳥）とか、カムイ・エカシ（神翁）といっている。日高三石ではこの鳥が「フㇺフㇺ」といって飛びまわって騒ぐと時化《しけ》になり、川原の近くに来て啼くと大水が出るといい、新冠《にいかつぷ》ではこの鳥が啼くと酒をあげて祈りをしたという。もちろんどこでも飼って送ったが、新冠での、飼っていたシマフクロウの送り方はつぎの通りである。まず大きな樽にアワかヒエで酒をつくり、ヤナギの木で刀の形をつくる（雄鳥の場合と思う）。花矢（数不明）は一本を東の方に、一本を西の方に射て、子供たちは雪の中をそれを拾いに走った。あとの花矢や刀の形は祭壇に飾っておいて、別にフクロウを射るということはせず、子供たちに分配されたという。祭壇の傍に置いたハシドイの木で首を締めて殺し、火を焚き、背中をたち割って肉を出す。そのあとに削りかけ《イナウ》を入れ、眼玉や舌も削りかけと取換え、神窓から家に入れて窓の下に置く。そして火の神に酒をあげ、永い間養ってもらったお礼をいってから鳥の神を祀る祭壇に飾られる。

　これも釧路地方のようにきびしいものではなく、子供が参加しているし、さきにものべたように浦河にはシマフクロウ送りの歌舞があるので、女性も加わっていることが知れるが、海獣篇のシャチのところで述べたように、シャチを最高の神にする海洋族に対して、川漁を中心にする人々の絶対的な大神ということができる。海漁で生活するオホーツク海岸の斜里では、この神をそれほど大切な存在としては扱っていない。

　また胆振地方に入ると、日高に近い穂別（鵡川流域）では「コタンコル・チカプ・カムイ（村を支配する鳥の神）といって、花矢二十本位にミズキかヤナギの木幣を二本、雄鳥には刀、雌鳥には玉か耳飾りをつけてフクロウ送りをしたという。しかし内浦湾に入るとコタンコル・カムイとかカムイ・チカプという名は消えてしまって、フムフム（啼声）という名になってしまい、これを飼っていて送るということはするが、他の地方のように別にむつかしい儀式はない。長万部《おしやまんべ》では首を締めたあと、ボロを着た者が切れやすいオオカサスゲなどの荷縄で背負って祭壇まで運ぶが、そのフクロウを後から二、三人がついて行って曳っぱり、荷縄を切って相手をおどかしたり、ころばしたりする。それを六回くり返すのである。これはことによると、この地方に伝承され、知里幸恵さんの名訳で知られる『アイヌ神謡集』の中の、「銀の滴降る降るまはりに、金の滴降る降るまはりに。」にはじまる神謡――フクロウの神の自ら歌った謡——の演技ではないかという人もある。この神謡というのは、大略つぎのようなものである。

昔は貧乏であったが今は金持ちになった者の子供と、もとは豊かな生活をしていたが今は貧しくなった信仰深い家の子供がいた。二人の子供は私（フクロウ神）を手に入れようと腕を競ったが、私は金の弓矢を持った成りあがり者の子供の矢にはあたらず、ただの小さな木の弓矢を持った、昔豊かな暮らしをしていた信仰深い人の子供の貧弱な矢にあたり、私はその子供の家に客として行って、その貧しくなった家に再び幸をもたらし、人間の村に皆仲よく平穏をもたらして〈人間の国を守護ってゐます。と、ふくらふの神様が物語りました。〉（〈　〉内知里幸恵訳）

あるいはその説の通りであるかもしれない。しかしなぜこの辺ではコタンコㇽ・カムイとはいわず、フㇺフㇺとだけしかいわないのであろうか。また八雲辺では、昔は飼ったこともあるというが、この鳥は人間を莫迦にして、綺麗な人が来ると目をあけて笑うような顔をするが、醜い人を見ると目をつぶってしまうといって、あまり評判がよくない。

なぜこのように地方によって信仰上に差別があるのであろうか。フクロウに限らず他の鳥でも野獣でも、その土地の生活と重要なかかわりあいのあるものが最高の神であり、他の地方では最高神として尊敬される神であっても、ある地方ではほとんど問題にされない存在とされる場合もある。

シマフクロウを最高の神として尊敬するのは、川漁を生計の中心にする地方である。この鳥は人間と同じくサケが産卵するあたりを生活の場とするので、部落《コタン》の近くに来て夜の暗闇が割れるほどの大声を出し、闇の奥から忍び寄る魔物をどなりつけるばかりでなく、サケをとっても僅か咽喉の一部だけを食べるだけで、ほとんどを人間のために残しておいてくれるからである。フムフムといわれる内浦湾方面では、冬になってもおだやかな内海が生活の場であったから、川漁にたよる必要もなく、したがってフクロウもそれはど生活に重要なかかわりあいを持たなかったのである。

シマフクロウをフムフムともカムイ・チカプともいう胆振幌別では、他の地方ではカッコォの歌であるとされている歌がつぎのようにうたわれ、カムイ・チカプのうたう歌であるといっている。

西別川に魚いれば
尻別川に魚なく
尻別川に魚いれば
西別川に魚なし

全道的にうたわれている有名な祭歌につぎのようなものがある。

チュプカ　ワ　（東の方から）
カムイ　ラン　（神さまがおりて）
イワ　テク　サム　（岩角に）
オ　レウ　（止まった）
イワ　テク　サム　（岩角に）
カニ　マウ　ニ　（美しい響が）

シマフクロウ（永田洋平氏撮影）

フクロウの模様の入った着物（幌別）

チヌ　　　　（聞こえた）

この歌の東からおりる神とは何なのか、地方によって多少歌詞にちがいがあり、容易にその実体を摑むことができなかったが、日高から石狩川筋にかけて十五ヶ所で採取された歌詞は、

チュプカ　ワ
（東の方から）
カムイ　ラン
（神さまがおりて）
イワニ　テッカ
（アオダモの枝の上に）
オ　レウ
（止まった）
イワ　ドイサム
（岩山の傍に）

エ　タンネ　マウ（その強い羽音を）
アヌ　（感じた）

となっていた。そしてこの東からおりてアオダモの枝に止まった神は、コタンコㇽ・カムイ（村を支配する神）のシマフクロウであると、異口同音にいっていた。

エゾフクロウ

現在エゾフクロウは北海道ではほとんど絶滅に瀕しているが、まだ北東部では、時々夜の中を活動しているのを見かけることがある。このフクロウは村の守護神であるシマフクロウの使いであるといい、石狩川中流辺では中央の祭壇にはクマ、右手の祭壇にはキツネやムジナなど位の低い神々を祀り、左手の位の高い神を祀る祭壇には最初にシマフクロウのコタンコㇽ・カムイ、そのつぎにそれよりもずっと丈の高い、エゾフクロウのクンネレㇰ・カムイの木幣が立てられる。

一般にクンネレㇰ・カムイ（夜叫ぶ神）といわれているが、イソサンケ・カムイ（獲物を出してくれる神）とか、イソアニ・カムイ（獲物を持っている神）ともいう。日高の沙流川筋ではハシナウカムイ・カムイカッケマッ（枝木幣を受け取る神、神の奥方）といったり、ユㇰ・チカㇷ゚・カムイ（獲物鳥神）ともいい、石狩川筋では何か異変があると、キューという声を出して知らせるというところから、キューセ・カムイとも呼んでいる。

夜叫ぶ神とか獲物を出してくれる神というのは、クマ狩りと関係があるからである。夜この鳥が啼くと、村人は「神様が呼んでいる」といって頭を垂れてかしこまり、神がどっちに啼いて行くかをしっかりと頭の中に仕舞い込む。そして東の空が白んでくるのを待って、神様の啼いて行った方に真直ぐに追いかける。そうすると必ずそこにはクマがいるというのである。これは絶対的信仰であり、かつて裏切られたことは一度もないと狩人はいう。これはどういうことなのか、いまだに科学的には証明されていない。

しかしどこの地方でも狩りをする人たちは、この鳥の夜に啼く声を「ペウレㇷ゚・チコイキ（クマを獲れ）」ときいたり「股の下に荷物を押してくる」ときこえるという。クマもフクロウも夜行性の動物であるから、この両者の関係を解明し、この信仰の実体を知ることは今後とも不可能であるかもしれない。しいて想像してみるならば、このフクロウがクマの歩くあとについて行くと、彼の好きなネズミやウサギが飛び出すとか、クマの獲った獲物のおこぼれにありつくとか、そんな利害関係があるのかも知れない。そうした自然界の微妙な関連を狩人たちは敏感に感じとり、先祖から伝承された信仰もあって、「ペウレㇷ゚・チコイキ」ときくようになったものであろうか。十勝の芽室の老婆がうたってくれた、このフクロウがうたうという歌はつぎのようなものである。

フン　ペウレㇷ゚　チコイキ

ペウレㇷ゚　チコイキ　フン

ニオロポケ　シケウ　チュー

エゾフクロウ（永田洋平氏撮影）

ニオロポケ　シケウ　チュー　フン
インコタ　ウネシキル　ウネシキル　フン

日高静内の奥では、この鳥が夜騒いでいる沢には必ずシカがいるし、「フルシ　チペウレプ　チコイキ　ド　ド　ド　ド」と啼いたら必ず獲物があるという。また沙流川筋では、この女神はクマのところに行って、「どこの部落《コタン》は神さまを大事にするよいところだから、行って宿をとってごらん」とすすめてくれるものであるともいう。

また十勝の奥の古老は、この鳥が「ペウレプ　ク　サンケ（クマを私が出した）」と啼いたり、イヌの啼声のような声でも啼くといっていた。知里辞典によれば樺太《サハリン》では「この鳥が húri！或は ex！と鳴けばクマとれる。čaǃ čaǃ と鳴けば雨がふる。čoǃ čoǃ と鳴けば恐ろしいことがある《真岡》〔huri は hú-ni（なま・木）。ex は ek（来る）。čoǃ čoǃ はザァザァと雨ふる音〕」とあり、私も樺太の老婆からこの鳥がフニ・ウンと啼くと人が死に、フン・チョチョと啼くと雨がふると教えられた。

狩猟を生活の中心にする人は普通この鳥をとるということはしないが、山を歩いていて傍に行っても逃げないものは、神として送ってもらいたいのだからそれをとったところに大きな祭壇をつくり、神にして沢山の木幣を持たせて神の国に送り帰す。これは肉をもらうのが目的ではないが、肉だけはとって内臓はそのまま羽皮と一緒に送る。

石狩川筋ではこの鳥を飼うのはむつかしく、下手な飼い方をすると六人も人を殺すものだから飼うものではないというが、釧路川筋では、直径二メートルほどの鳥籠《チカプセッツ》を細い枝と木の皮（オヒョウの厚い皮）で編んでつくり、家の中の神窓（神だけが出入りする窓）のところにつるし、その中で飼ってシマフクロウと同じようにして送った。

コノハズク

日高静内川の奥の村に伝わる神謡の中に、「アプト　サースン　サースンケ」という繰返しでうたわれ、「どうして　この倒れ木の　その木のかげで　私は育ったか　泣き声が　虫の音のように　かすかだった……」とはじまる、コノハズクの物語がある。その大要はつぎの通りである。

　私はオタシュッというところに生まれたが、生まれると間もなく母が死んでしまったので、祖母に育てられていた。ある日祖母は私をつれてウバユリ（鱗茎から澱粉をとる）を掘りに林に入った。祖母は私をドロノキの枝につるした揺り籠に入れて寝かせ、私が泣くと揺り籠をゆすってあやしては一心にウバユリを集めていた。すると心の悪いドロの木が、私の身体の半分を鳥にしてしまったので、私が泣くと、その声が、

　フチ　トット（お祖母《ばあ》ちゃんお乳）
　フチ　トット（お祖母ちゃんお乳）

ときこえた。祖母は驚いて揺り籠のところへ戻ってきたが、そこに私の姿がないので、驚きのあまり祖母は泣いて泣いて、その木の下で死んでしまった。それきり私はドロノキのためにすっか

り鳥の姿にさせられて、「フチ　トット、フチ　トット」と啼くコノハズクになってしまった。

私が四十余年前に屈斜路湖畔で古老からきいた物語も、ほとんどこれと同じであったが、これは祖母とウバユリの鱗茎をとりに行った孫娘が、森の中の花にさそわれて祖母と離れ離れになり、行方がわからなくなってしまうが、夜になるとフチ　トットと呼ぶ声がするので、祖母が声をたよりに行ってみると、その声は高い木の梢の上からきこえてきた。朝まで待って夜があけてみると、梢の上に小さな鳥がとまってフチ　トット（お祖母ちゃんお乳）と啼き、その鳥の流す涙で下草の花がぐっしょり濡れていた。孫娘はニタイ・ラサンペという森の妖精のために鳥にされてしまったのである。というものであった。

その他地方によって少しずつちがい、祖母がとりに行ったのはウバユリではなくてギョウジャニンニクであったり、娘を鳥にしたのはニタッ・ウナルペ（湿地の叔母）だったり、ケナシ・ウナルペ（木原の叔母）という妖精だったりするが、名前だけはいずれも啼声からとったトキト、トキット、トキト・カムイと呼ばれている。

神謡の発生は、神がかった巫女が物語るのが記憶され、口伝えに伝承されたものであるといわれている。この神謡も実際にウバユリをとりにいった祖母と孫娘との悲劇を巫女がうらない、死んだ孫娘が巫女にのりうつって物語ったものであるかもしれない。

幕末の北海道探検家松浦武四郎の『天塩日誌』に「夜に入ホッホッ〳〵〳〵と啼鳥有、土人是をアヲタコタンチカフと云、其訳黄泉鳥也、其声仏法と聞は仏法また梅干と聞ば梅干と聞ゆ。家主アエト

コノハズク（永田洋平氏撮影）

モ（六十八歳）の言に、昔し最上《モカミ》ニシハ〔最上徳内のこと〕此鳥を聞て内地にも有て尊き高山に住る仏法僧と言る由語られしと、依て余も仏法僧成る事を知たり。」とある。昭和初年までこの鳥を仏法僧と混同して、しばしば議論されたことがあったが、本来仏法僧は全く別種の鳥である。またこれを「アヲタコタンチカフ」といったというのも間違いのようである。アヲタコタンは地獄のことであって、もし「アヲタコタンチカフ」といったとすればそれはコノハズクではなく、アフンラサンペ〔あの世に棲む化物〕と呼ばれるコミミズクのことではないかと思われる。

アオバズク

ホチコｸ　ホチコｸ
誰だ泣くの
母《かあ》さんに　戻れ
誰だ泣くの
さらって行くぞ
ホチコｸ　ホチコｸ
泣くのをやめろ
母さんに　戻れ

さらって行くぞ
ホチコㇰ　ホチコㇰ
誰だ泣くの
泣くのをやめろ
母《かあ》さんに　戻れ
さらって行くぞ
ホチコㇰ　ホチコㇰ
泣くのをやめろ
誰だ泣くの
カマスに入れる

これは千歳川筋（石狩川支流）でチカㇷ゚・レキ（鳥の声）としてうたわれている、アオバズクの歌である。夏の裏山でホッホッ　ホッホッと啼くこの鳥の声を、コタンでは子供をさらって歩く気味悪い化物の声だといって、泣く子をおどしたという。

めずらしく全道的にホチコㇰと同じ名で呼ばれている。日高沙流川筋の伝承では、この鳥は山で死んだ和人の樵夫の魂だとされ、体の背面が暗いチョコレート色で、翼の中頃が白いのは樵夫の服装のままだし、片方の脚絆は脱いである（毛がない）が、片方は履いたままで鳥にされたのだといい伝えている。

コミミズク

猟人のためにクマの行動を知らせてくれるエゾフクロウと夫婦で、エゾフクロウが出てくると一緒に出てくるともいうが、エゾフクロウが狩りの神であるのに、このコミミズクはアフン・ラサンペ（あの世に棲む化物）と呼ばれ、気味悪い物の一種に数えられている。それはキツネのような「パウーパウー」という声を出したり、イヌやネコや赤子の泣声のような声を出しながら家の近くにやって来るからである。胆振の虻田ではこの鳥が啼いてくると着物の裾をまくって炉の灰を入れ、外に出て着物の裾をバタバタ動かして灰をばらまき、オパラパラ（着物の裾をパタパタさせて尻の臭気で悪魔を追い払うこと）をして後も見ないで家に入る。するとさすがの化物も闇の奥へ逃げていってしまうという。日高静内ではエルム・コイキ（ネズミつかみ）といって、これがピーピーと啼くと、「野郎ネズミを呼んでいるなア」という。

その他のフクロウ類

アオバズクやコミミズクと同じように嫌われるものに、和名は不明であるがマカ・オタリ（後に倒れる）というカケス位の小さなミミズクがある。これはとんで来て木の枝に止まるとき、後にひっくり返るように摑まるので名付けられたというが、その他のことはわかっていない。

千歳辺でマカ・オタリの従弟だというのに、ピチャッチャリというのがいるというが、これもどんなフクロウであるかくわしくはわからない。

また石狩川筋では、人間の子供をさらってコノハズクにしたという、ケナシ・ウナルペ（木原の叔母）という妖精も、ミミズクの小さいもので、猟の邪魔をするものだというが、実体をはっきりつかむことができない。

日高静内では、フクロウはシ・キヤンネクル（本当の兄貴）、モ・キヤンネクル（次の兄）、ニテク・コカイ（木の枝と折れる）、ニテク・コホクシ（木の枝に倒れる）、プンカル・ニテク・コホクシ（蔓の枝に倒れる）、エルム・コイキ（ネズミつかみ）の六人の兄弟であるという。本当の兄と次の兄はどれをさすかはっきりしないが、ニテク・コホクシはホチコクのアオバズクの別名である。またプンカル・ニテク・コホクシもはっきりしないが、エルム・コイキはコミミズクである。

その他に釧路の雪裡コタンでクッコル・カムイ（岩棚を支配する神）と呼んでいる、狩りの獲物をさずけてくれる岩棚の間にいるフクロウがいる。シマフクロウは「ウン　フ　ウーン」と啼くが、これはただ一声「ウーン」と啼くだけで、これが啼いた山には必ず獲物がいるし、崖から落ちそうになったときこの神に頼むと助けてくれるという。ワシミミズクのようにも思われるが、同じくクッコル・カムイといっても、空知では鳥ではあるがフクロウではなく、綺麗な鳥でこれが女のような声で叫ぶと牝グマが獲れ、男の声で叫ぶと牡グマが獲れるという。

また帯広ではフクロウではなく白いウサギのような獣で、夜に人を呼ぶように啼くが、それに返事をしてはいけないという。旭川の近文でも小さいウサギくらいの白い獣でイヌのように吠え、これを見た人は死ぬともいうなど、クッコル・カムイの正体もはっきりしない。

オオワシ

この鳥は樺太《サハリン》より北、東部シベリア、カムチャッカ、ベーリングなどで蕃殖して、北海道には秋にサケの溯る頃にやって来るといわれていたが、近年知床半島でも蕃殖が確認されたという。一般にカパッチリとかカパッチリ・カムイと呼ばれている。沙流川筋ではワシの神送りはしないといい、釧路地方でもワシはクマと仲が悪いといって、クマを獲りに行ったときはワシがいてもとらないし、ワシを先にとるとクマが獲られることを嫌って来ないともいうが、他の地方では広くワシを飼って神送りの儀式をした。とくに千歳辺ではフクロウよりも多く飼ったといわれている。

釧路屈斜路ではこの鳥の若いのを、なぜかエカィ・チカプという。知里辞典によると「老いた鳥」の意であるという。あるいはオジロワシに比較した名であろうか。なお歳をとって翼の元の羽が白くなり、着物の袖が綻びたようになるとテキキリコル（翼が綻びたもの）と呼び、成長したものをラプ（翼）と呼んでいるが、知里辞典では、カパッチリ・ラプ若い成鳥、エカイ・チカプ老鳥、テキキリコル老鳥となっている。また天塩川筋や千歳でも、肩の白いのをテッカイ（翼が折れた）と呼び、肩の黒いのをシ・ラプ（本当の翼）と呼んでいる。

釧路地方にはつぎのような詞曲《サコルベ》が伝えられている。

小歌棄人《ポノオタスツウンクル》が独りで暮らしていると、家のあたりに小鳥が集まってやかましく話し合っていた。耳を澄まして聞いてみると、話し声がだんだん大きくなって「神々の子供たちや弟、人間の中でも近くや遠くで偉れた人が出かけて行くのだが、誰が行ってもシュリの家の酒盛りのあとの相撲では、シュリの妹のために骨までとけてしまう熱湯の湧壺に投げ込まれて、誰も助かるものがない」というのであった。それを聞いて小歌棄人はむらむらと怒りを発し、シュリのところへ出かけて行くと、途中で一人の娘に出逢った。娘のいうのには「あなたはこれからシュリのところへ行くつもりでしょうが、とても勝つ見込みはないでしょう、だから私をあんたの妹だということにして連れて行って下さい、そして相撲になったら女には女同士の相撲をとらせろといって下さい、私は必ず勝ってみせますから……」ということであった。そういって娘は一緒にシュリ親方《ニシパ》のところに行き、何日も何日も酒盛りをしたあとで、岩山の上の相撲場に行った。そこには莚を敷いた上に多くの長老たちが、星のように居並んでいた。

やがて女同士の組打ちがはじまった。どちらも相手を摑んでは岩の下に投げおとすが、途中まで行くと、骨のとけるという熱湯の湧壺に落ちないさきに、ヒラリと身体をひるがえして岩の上に立ちあがる。力の限り相手を締めつけると、口からも鼻からも筋子のように血を噴き出すが、それを熱湯の穴に投げ込むと、また下に行かないうちにとんぼ返りをして岩の上に立つ。何回も何回もそれを繰り返しているうちに、妹に化けた娘も何度か血を吐いたが、次第にシュリの妹の方が弱って、ついに燃えたつような熱湯の中に姿を消してしまった。

するとと岩の上でそれを見ていたシュリの親方《ニシパ》が怒って「これはお前の妹なんかではないにちがいない、そうでなければこんな強いはずがない」といって論争《チャランケ》になり、六日六晩も争いがつづいたが「これまで多くの神々や大事な酋長たちを殺しておきながら、何をいまさらいうことがあるか」とつめよったので、ついにシュリの頭は言葉につまって、小歌棄人の勝ちになった。途中まで帰って来ると、さっきの娘は「実は私はただの人間ではなくてワシの娘です。あなたが行っても勝てる見込みがないので、お前が行って手伝いをしろといわれて来たのです。だからあんた方が酒をつくって神祭りをすることがあったら、僅かでもよいから私たちにもあげてください」といって別れて行った。それでワシにも酒をあげるようになったのだ、と小歌棄人が物語った。

この物語の小歌棄人は北海道東部の英雄で、シュリは別稿「伝説の巨鳥」で述べるフリー・カムイである。これは迷鳥として大陸から渡ってくるハゲタカであろうといわれている。

また宗谷地方では「地上の沼地の真中に金のエゾマツが立っていて、その木の上に雌と雄の金のワシが棲んでいた。そのため沼岸にクマが魚をとりに来ると、雌のワシが飛んで来てクマをおどかし、仕方なく山でシカを獲ろうとすると、雄のワシが邪魔をして獲らせないので、クマは腹をへらして沼岸に坐り込んでいた。天上の空飛ぶ揺籠《シンタ》(雷や鳥の神が乗って飛んで歩く飛行物体)をつくる神がそれを知って、金のワシを摑み殺して六つずつの山にし、金のエゾマツも落雷にあったように打ち砕いてしまったので、皆が沼の魚をとって食べられるようになった」と伝えている。

オジロワシ

オジロワシが北海道東北部の深山で雛を育てているということは古くから広く知られていて、若鳥のことをポン・チカプ（直訳すれば小さい鳥であるが、むしろ若鳥の意と思われる）といい、成鳥をオンネイ（歳寄者）と呼んでいる。ワシやタカは豊臣秀吉の時代から矢羽として需要が多く、それをとるところを鳥屋といっていたが、享保（一七一六〜一七三五年）や宝暦（一七五一〜一七六三年）の頃には全道に四百ヶ所に近い鷹場があって、しきりにタカやワシがとられた。これをとるには野獣の場合のように弓矢によるのではなく、鷲鉤《カバチリアツ》という鉤をワシの脚に引っかけて捕えるのである。

ワシを捕えるには、先ず川岸に横一メートル余、縦二メートルほどの笊を伏せたようなアンという小屋をつくり、あたりや屋根をアシやノガヤで囲い、それに雪をかぶせて雪をかぶった灌木のように見せかける。それを川の上に三十センチほど突出し、タクッパというアゼスゲを水面近くまでさげて、川の方からはアンの中が見えないようにする。この小屋に入るときは丸木舟で川の中を小屋まで送ってもらって入り、帰るときも舟に迎えられて、あたりの雪の上に足跡を残さないようにし、アンの中には丸太を並べた上にイヌの皮などを敷いてその上に横になり、鷲鉤を持ってワシの来るのを待つ。川の中につくったワシの止まり木にワシが来て止まり、川底に杭で止めてあるサケをむさぼるように食いはじめると、脚を狙って鉤をひっかける。それを手元に引きよせて、騒ぐのを膝の下に組伏せて首を捩った。ここで首を捩られるのはワシばかりでなく、タカもツルも運命を同じくした。アンには持ち運びのできるものと、据置きのものとがあり、ホッケ・チセ（寝る家）ともいった。

千歳の近くにアンガリトという沼がある。これはアンカルトで、アンをつくる沼の意である。その他アンコロウシペッ（ワシ小屋をいつもつくる川）という地名もある。また安野呂という地名は「山向フノ海岸」の意だ、などともいわれているが、これはアン・オロ・イで、ワシ小屋のあるところの意であったらしい。この近くには鷲堀とか鷲の巣などという地名もあるし、とても「山向フノ海岸」などとはいえない、海から遠いところの地名である。

オジロワシもオオワシのように飼って送ったかもしれないが、あまり大事にはされなかったようである。肉はもちろん眼玉も脚も煮て食われ、羽皮はつなぎ合わせて雨具にしたり、荒毛を抜いたもので寝間着をつくったりした。爪をいくつも重ねて環をつくり、ケン玉遊びの環にしたり、子供たちの首飾りにもした。またこの鳥の胆汁をトリカブトの毒に混ぜると、毒が全身によくまわるともいう。

近年はワシの姿がまれにしか見られなくなったが、明治三十三（一九〇〇）年に北海道庁殖民部で出した『北海道殖民状況報文』の釧路国の部には、標茶町の虹別のワシ猟について、明治二十四年頃まては諸方のアイヌが集まって鷲鉤で猟をし、冬の間に百羽、二百羽ととることができ、この地方の重要産物であったが、二十五年以降小銃を用いるようになってから、急に産額が減じたと記し、文明というものが急激に自然を破壊する実状を報告している。

クマタカ

タカといっているがワシの仲間で、一般にアイヌ語ではユケ・チカㇷ゚と呼んでいる。知里辞典では「ユㇰ・エ・チカㇷ゚で肉獣を食う鳥」とされている。ユㇰは普通シカのことであるが、獲物の野獣類を総称していうこともあるので肉獣とされたのであろう。天塩川筋では実際にこの鳥はクマでもシカでも獲るといっているが、それはユㇰ・エ・チカㇷ゚を直訳的に解したところから生まれたもので、実際にはウサギを獲る程度である。ウサギはこの鳥に翼で叩かれると腰骨が折れるという。

十勝地方では飼って神送りをしたといい、日高でも先祖が山でクマにいじめられたとき、この鳥が来てクマの目を突いて助けてくれたといって、この鳥を祀る家があったという。元来ワシの仲間であるので、クマと仲が悪いのかもしれない。

幼鳥をオジロワシと同じようにポン・チカㇷ゚（幼鳥）と呼び、成鳥をシ・チカㇷ゚（本当の鳥）と呼んで、タカ場で捕えてタカ狩りのタカとして本州送りにされたともいうが、台をつくった上に魚を置き、魚を啄みに台に集まったところを、中にひそんでいて尾羽を抜くという、利口な矢羽集めをしたところもあったという。矢羽だけを集めるならこれでよいわけであるが、肉もおいしいものであるし、胆汁を矢毒に混ぜると効き目が早いという。しかしこれをあまり使うと猟運がなくなるから、あまり使うものではないと千歳辺ではいっている。

ハヤブサ

ワシやタカの仲間ではなく、トビの仲間であって、他の小鳥たちの生命を無慙に狙うところから、ほとんど例外なしにチカㇷ゚・コイキ（鳥いじめ）とかチカㇷ゚・コイキ・チリと呼ばれ、タカ狩りに利用された。日高静内ではイヌン・チリ（漁をする鳥）ともいうというが、北見美幌や阿寒ではピーピーとシカの啼声のような声を出すというのでイレッテ・チリ（ものを吹きならす鳥）ということもある。

シロハヤブサ

屈斜路湖畔から阿寒湖へはじめて山越えしたとき、ペンケ湖畔までたどりついて一休みしていると、雄阿寒の濃緑を背景にして一羽の白い鳥が湖上に輪を描いて飛翔していた。一瞬空中に止まったと思うと翼をたたんで、暗い湖面を目がけて急降下し、白い飛沫をあげたと同時に鋭い爪に、完全に獲物を掴んで雄阿寒の密林の中に消えて行った。あまりのあざやかさに同行のコタンの老人も、ただ一言「アチュイエチカㇷ゚」といった。（獲物を）突き刺して食う鳥という意味で、シロハヤブサの名である。あとにも先にもシロハヤブサの姿を見たのはそれきりであり、話も天塩川筋美深の古老が「夏には姿を見せるが冬にはいないな」というのをきいただけである。

トビ

朝夕人々の生活の上に輪を描いて村里を監視してくれるこの鳥を、北見美幌、胆振虻田、近文、日高長知内《おさちない》、名寄などではヤトッタと呼び、石狩川筋でもヤトッタ・カムイ（トビ神）と呼んで、仔鳥を飼っておいてフクロウなどと同じように送る。フクロウは誇り高い神で、クマと一緒に飼っている場合、先にクマに餌をやるとおこって目をつむり、後から餌をやっても振り向こうともしない。またあまり利口でない者が餌をやると片目をつぶって、人を小馬鹿にして食べようとしないが、トビにだけは先にやってもおこらないという。しかし一般の祭事のときにはクマやフクロウは酒をあげられるが、トビはそうした祭事には参加しない。

私は昭和十七年に出した『コタン生物記』では、この鳥の名をヤトウッタケウシュッとし、「ヤトウッタとは尾で楫をとる事で、ケウシュッは叔父、尾で楫をとる叔父さんといふのである。」と書いた。これは私に最初にアイヌ文化の手ほどきをしてくれた、屈斜路コタンの古老弟子カムイマ翁の手解きによるものであるが、知里辞典では「ヤトウッタなどという語はないし、ましてそれが尾で楫をとるという意味などということはない。yatotta-kewsut は『トビ・叔父』の意。」と訂正された。

トビ送り（ヤトッタカムイ・オマンデ）は石狩川筋の他に、内浦湾の虻田でも昔はやったといい、朝

輪を描くトビ

晩に何十羽もコタンの上に来て輪を描き、コタンに仇をするものを追っぱらってくれたから、コタンで飼っていると悪いものが近寄らないのだとのことであった。

千歳ではヤットイ、胆振穂別ではヤットイ・カムイと呼び、北見美幌でもヤット・カムイとか、ワットッタ・カムイと呼ぶ人もある。そしてこの鳥を守神にすると性が強くなるといわれている。

オオジシギ

北海道に渡ってくるシギには数種類あるが、オオジシギが最も特徴があって目立ちやすい。このシギは春の夕暮れの空をグッグ　グックといって旋回し、やがてジーヤク　ジーヤク　ジーヤク　タマヤクと叫びながら、グググググーと大気を引き裂くように地上すれすれまで落下し、また夕暮れの空にのぼって行く。俗にカミナリシギなどとも呼ばれるように、激しい羽音をさせて他の鳥を追い払い、自分たちの営巣する場を確保するのである。

各地のコタンに四人の娘たちが、

チャク　ピーヤク
ピーヤク　ピーヤク
チャク　ピーヤク

とうたいながら、四方に分かれて踊る優美な鳥の舞というのがある。娘たちは互いに両手を自分の肩にあげて軽く上下に動かし、両膝も軽く屈伸しながら、向かいあった一組が跳ねるように飛び交して、互いにさきと反対の位置に立つ。すると今度は、他の一組が同じ動作で先に飛び交した二人の間を飛び交し、時々ホロルルルルという顫音を入れる。これをこれまでアマツバメの舞といっていたが、チャク　ピーヤクという音はアマツバメではなく、チピヤク（シギ）であるということである。

日高静内の農屋コタンには、

ピーヤク　チァ
ピーヤク　チァ

というチピヤクの歌舞があり、もう一つチカプ・ネ（鳥の真似）という歌舞は、

ホシコーネ　ホシ　コーネ

鳥の踊り（近文）

とうたって上体を大きく振り、足がふらついたり、目をまわして倒れたら負けという踊りくらべであり、これはアマツバメの踊りに似ている。釧路白糠に伝わるつぎのようなシギの神謡がある。

ハン　チピヤㇰ　チピヤㇰ　私は天の神から大事な仕事をいいつかって、人間の村におろされた。来てみたところ地上は春の真最中であった。木も草も花盛り、どこへ行ってもいい匂いがするし美しいので、私はすっかりそれに見とれ、あっちに行ったりこっちへ来たり遊びほおけて、神様の用事などすっかり忘れてしまった。

ハン　チピヤㇰ　チピヤㇰ　歩いて歩いているうちに木の花も草の花もすっかり散ってしまったので、私は神様からいいつかった用事を思いだし、あわてて用事を片付けて神の国へ戻ろうとすると、神様のとんがった声がとんで来た。「人間のところがよくて、いいつけを忘れた奴は、もう天に戻るな」といって神様は私を散々叩いたので、仕方なく私はまた泣き泣き地上におりて来た。

ハン　チピヤㇰ　チピヤㇰ　それでも私は自分の国に戻りたいので、途中まで揚って行くのだが、行くたびに「二度と来るな」といって私を叩いた神様のことを思い出して、泣きながらおりてくるのだ。と鴫《チピヤㇰ》が物語った。

同じ釧路の雪裡のコタンに伝わるものでは、この神様にいいつかったシギは、啼きながら廻る数を指定されたが、そのいいつけられた数だけ責任を果したものは天に戻って行き、そうでないものは水の中に嘴を突っ込んで謹慎しているのだという。また屈斜路では、シギが大きな音をたてて空を飛ぶのは、神の乗る揺籠《シンタ》に乗って歩く音で、それから落ちたシギは再び空に帰る資格を失って、山奥の渓流のほとりにうずくまり、泉の中に嘴を入れて冬を越すのであるという。そしてそんなシギをリヤエオルシ（冬越しを水の中でする）と呼んでいる。おそらく羽交い中に何かに衝突して怪我をしたのであろう。

天塩川筋の名寄や千歳辺では、揺籠《シンタ》に乗って雷と音の大きさを競っているのだといい、負けると湿地の中に嘴を突っ込んでいるのだともいう。

例外なく啼声から名付けられたチピヤㇰといい、日高二風谷ではチピヤㇰ・カムイといって、嘴のついた頭を木幣に包んでおき、耳の病気のときに嘴でかさぶたをとったり、この鳥の油を薬にして耳につけたりした。

ヤマシギ

知里辞典によると近文や日高浦河でもこの鳥を、トレプタチリ（ウバユリの塊茎を掘る鳥）と呼んでいるというが、私は屈斜路コタンでだけしか聞いていない。ウバユリを掘りに行くころ、新緑の濃くなりかけた林の奥で急に強い羽音をさせて飛び立つので、この鳥も自分たちと同じように、長い嘴でウバユリを掘っているとして名付けたと思われる。

胆振鵡川に「ノー　ノチキ」という繰り返しのあるこの鳥の神謡があり、やはりウバユリとの関係がうたわれている。

ノー　ノチキ　小さな私の恋人に逢いたくて山に行ったら、大きなキトビル（ギョウジャニンニク）畑があったから「私の好きな人に逢えるなら、このキトビルを抜いたら、根も去年の古い皮もついたまま抜けるだろう。もし新しい葉や茎しか抜けなかったら、逢うことができない」

ノー　ノチキ　そういって私がキトビルを引っぱったら、去年の皮のついていない新しい葉しか抜けて来なかった。

ノー　ノチキ　腹立ちまぎれにそれを空に投げあげて、ブリブリいいながらなおも山に入って行くと、こんどはウバユリばかり生えたところに出たので、その一本を抜こうとしながら「もし恋人に逢えるなら、このウバユリは切れないで抜ける、逢えなければ切れてしまう」ノー　ノチキ　そういってウバユリを引っぱると、うまい具合に切れずに抜けた。すると山奥の方からコツコツと舟をつくる音が聞こえて来た。喜んで行ってみると、恋人のクマゲラが片肌ぬいで、一生懸命に舟をつくっているのに逢えて、とてもうれしかった。とシギの神がいった。

野鳥たちの神の国は先にも述べたように、天上にあるのだから、この神謡の世界も現実の林の中ではなく、天上界の神の国の出来事である。そこでは神々は人間と同じように、ウバユリを掘って食糧にしたり、クマゲラが片肌ぬいで舟をつくっていたりするのである。またキトビルやウバユリを抜いて占いをするのは、昔の若者たちが恋の成就を占ったことを物語っているのであろう。

その他のシギ

春になって南から渡ってくる鳥の群が、疱瘡などの流行病を持ってくるといういい伝えがある。その鳥はところにより一定しないが、北見の美幌では「体が黒くて白い斑点がある渡り鳥で、山の中に群をなしておりる。パイカイ・ウタラ（めぐり歩く仲間）というのだ」といい、胆振穂別の老婆は「クンネ・チカプ（黒い鳥）といって、脚の長い黒い鳥で、羽搏きすると赤や青の光がさす」といっていた。どこでもシギのような鳥の群だということではだいたい一致しているが、名寄ではハトくらいの鳥で、夜子供のような声で啼き、羽色はタカのようで足が赤く、嘴もハトのようであるとされていて少しちがっている。

私の聴書きの中ではパイカイ（めぐり歩く〈釧路〉）、パイカイ・ウタラ（めぐり歩く仲間〈美幌〉）、パイカイ・カムイ（めぐり歩く魔神〈近文、名寄、本別〉）、アプカシ・カムイ（遊び歩く魔神〈足寄〉）、サイ・ウタラ（群れる仲間〈芽室太〉）、パコㇽ・カムイ（歳を支配する魔神〈全道〉）、タスムアッ・カムイ（病気群がる魔神〈本別〉）などと色々な名で呼ばれている。これがやって来ると村中から煙草とか乾魚、混飯、乾貝などを集めて、「これをあげるから他に行ってくれ」と頼んだり、石狩川筋では中愛別のサンという強い守神のいるところから奥の、層雲峡方面に逃げ込んだ。

しかし、この鳥と親類のところもあって、十勝足寄では夕方になるとこの鳥の群が来て泊まり、朝になると出て行く家もあるといわれている。

この鳥がはたして疱瘡の神であるかどうかは別として、これらの渡り鳥がこの島に姿を現わす頃には、疱瘡などの流行病の病菌をもった漁場労働者が一緒に渡って来て、病菌をまき散らしたらしい。本州で「唐土の鳥が日本の土地に、渡らぬ先に……」と鳥追い歌をうたった考え方が、そのままこの島の人々の中にも移植されたのではなかったろうか。

クマゲラ

和人の間では勘助鳥などといって、山で死んだ勘助という樵夫の魂がこの鳥になって、人を呼んでいるのだといって嫌うが、コタンではクマの居所を知らせてくれたり、道に迷ったときに道案内をしてくれる神様だといわれている。十勝帯広の中村要吉という老人は山に狩りに行って道に迷ったとき、この鳥が来て帰る方に連れていってくれたことがあり、またあるとき利別川の支流の芽登《めとう》というところから、オホーツク海岸の常呂《ところ》へ山越えをしようとして道に迷って、食糧もなくなって歩いているときにも、この鳥に案内されて無事に目的地に着くことができたという。これをどう解釈すべきかわからないが、中村老人は「先祖の魂が神になって連れて行ってくれたんだ」と信じていた。

阿寒でもクマの居所を知らせてくれる神として、酒と木幣をあげて祀るが、それはつぎのような伝承によるものだという。

昔ある老人が十二月頃山狩りに入ったが、雪が二十センチほどある上に、夜に霙が降って朝に凍ったため、歩くたびに凍った雪がガサラガサラとくずれた。獲物に逃げられそうだなと思いながら沢をのぼって行くと、山の出鼻を過ぎたところで、クマゲラが大きなエゾマツの枯木に止まって、虫もいそうにないのにしきりに木を啄いていた。変なことをするものだと思いながらひょっと目の前を見ると、大きなクマが土の穴から身体を半分のり出して、クマゲラの方を見上げていたので、毒矢を射かけてそのクマを獲った。クマは老人の足音をきいて穴から出かかったが、クマゲラが近くで木を啄いているので、その音にひかれてクマゲラの方に気をとられていたのだった。クマゲラは老人にクマを獲らせるために、虫もいない木を啄いてクマの注意を自分の力に引きつけておいたのだ。

クマゲラ（永田洋平氏撮影）

クマゲラは多くの土地でチプタ・チカプ（舟を掘る鳥）、チプタ・チカプ・カムイ（舟を掘る鳥神）、あるいはチプタ・チリ（舟掘り鳥）と呼ばれている。屈斜路湖畔では、もともとこの鳥は造物神サマイクルカムイが落とした、毛皮の手袋であったといわれ、この鳥が木に穴を掘るのを見て、丸木舟をつくることを知ったともいわれている。他のキツツキ類は枯木の虫をとるのに丸い穴しかあけないが、この鳥は細長く丸木舟のように掘るから、舟を掘る鳥と呼ばれたのである。なお、クマの居所を教えてくれたり道案内をしてくれるといわれる一方、石狩川中流のあるところでは、この鳥の中には飢饉神になったり、人間に化けて女を盗んだりするものもあるから、油断ができないものだと注意してくれた老人があった。

しかしほとんどの地方では絶対的神であって、胆振鵡川ではシギの恋人役として物語の中に出て来たりする。

エゾコゲラ

横縞のチャンチャンコを着て立木のまわりをクルクルとまわる、玩具のようなエゾコゲラをエニコカㇽセㇷ゚（木のまわりをまわるもの）と呼ぶ。やはりイカシマ・チカㇷ゚（余分な鳥）の一種か、別に昔話も伝えられていない。

ミユビゲラ

天塩川筋ではこの鳥をマカオカリ（後へ尻をまわす）といって、これを見ると運が悪くなるという話である。しかし知里辞典では「マカオタリ（うしろへ・倒れる）はミミズクの一種で、縁起の悪い鳥だという。穂別では、この語を人をののしる罵言に用いる」とあり、いずれとも決しがたい。

ヤマゲラ

釧路屈斜路ではウェニウコキ（雨を呼ぶ）とか、シリウェン・カムイ（天気を悪くする神）といっている。この鳥は昔、造物神に無礼を働いた罪で、天気が悪くなる前になると、自分でも思いがけないような声を出すようにされてしまった。それで天気の悪くなる前に妙な声を出すのであるといわれている。またこの鳥がコロコロ－と木を叩くと天気が悪くなるともいう。

他の地方では多くシルㇱ・チリ（糞着た鳥）と呼ばれ、日高沙流川筋や静内地方では、この鳥に家の柱などを啄かれると縁起が悪いといって渋い顔をする。この鳥はアオバトのように、山へ行って死んだ人の魂がなったものだからであるという。

エゾアカゲラ／エゾオオアカゲラ

どちらもエソㇰソキ（頭をとんとん打ちつける）とか、ニトゥキトゥキ（木を啄き啄きする）といって、大きい方が親で小さい方が仔だくらいに思われていたらしい。だいたいキツツキというものはイカシマ・チカㇷ゚（余分な鳥）とも呼んでいて、エソㇰソキというと「この莫迦者！」という、悪口に使う言葉でもある。この鳥と昔の生活とはあまり関係がなかったからであろう。キツツキが「コロコロー」と木を叩くと「また天気が悪くなる」といやな顔をし、シリウェン・カムイ（天気を悪くする神）などという名でも呼ぶ。しかしそれほど役にたたない鳥でも決して莫迦にしてはいけないぞと、つぎのような昔話がある。

歌棄人《オタスツウンクル》が山に狩りに行ったが、一匹のウサギすら姿を見せなかった。仕方なく山から戻ってくると、一羽のキツツキが木を啄いている。ぼんやりとそれを見ていると、キツツキがいった。

「オタスツ人よ、私は本当はお前に大きな罰を当ててやりたいのだ。それはお前がまだ子供の時だったが、お腹の大きい私を射落としておきながら、お前は私に小さな木幣すらつけることもなく、そのまま山に放っておいたので、私は生き返ることもできずにさまよい歩かねばならなかった。だから私は、今でもお前の命をとりたいと思っているのだ。しかし今お前の生命をとってもどうにもならないから、お前が家内を二人持つ親方《ニシパ》になり、子供もできたらお前の命をとり、お前に道案内をさせて、行くところに行くようにするから、覚悟をしていてくれ、今は人間の国の将来のことを思って我慢するが、そうでなければ今直ぐにでも命をとるところだ」

そういわれてオタスツ人は急いで山をくだったが、家内をもらい子供が三人できると、何となく身体の調子が悪くなり、自然に縮むかのように弱って、死が近づいたことがわかった。それで歌棄人は子供たちを集めて、「どんな鳥でも間違って殺したら、必ず木幣をつけて送るものだよ」と話をして死んだと。

これは釧路白糠に伝わる伝承であるが、生活に関係のないイカシマ・チカプ（余分な鳥）といっているものでも、必ず生物はそれぞれの神の国に送り、粗末にしてはならないとさとしている。

ハシブトガラス

釧路の白糠町と音別町の境界にパシクル（現在馬主来と書いている）という沼地がある。パシクルとは人里に棲むハシブトガラスのことで、現在でもここはカラスが多く集まるところであるという。

昔、この島を支配していた神様が、舟で各地を見廻ってこの沖までやって来たところ、濃霧を吐く魔神が海上一帯を海霧で包んでしまった。そのため神様は舟を岸に着けることができないで困っていたが、霧の中からカラスの啼声がしたので、その声に導かれて無事に舟を岸に着けることができた。それ以来ここをパシクルと呼ぶようになった。

この辺は現在でも夏は海霧の濃い地帯なので、昔の神でなくとも、現在も海に出て働く人たちは、時々カラスに方向を教えてもらっている。この伝承もそんなところから生まれたものであろう。松浦武四郎の『東蝦夷日誌』七篇には「昔白糠土人鱈釣に出、吹流されし時、濛靄深く何処共知れ難かりしに依て、海神に祈りしかば、空に鴉の声致せし故、其声をしたひ〳〵陸の方へ船を寄せしかば、此沼に到しと。依て其土人爰に木幣《いなう》を作りて、此沼に立祭りし跡、今日に有」とあり、海で働く人たちにとって、カラスは陸地を知らせてくれる神であったことがわかる。また山中ではクマの穴の所在を知らせる神として、パシクル・カムイ（カラス神）とか、コタン・キヤンネ・カムイ（村の年長の神）などとも呼ばれ、日高の沙流川筋や天塩川筋では、シマフクロウやエゾフクロウ、クマなどと同じように、パシクル・オマンデ（カラス送り）をしたという。しかしこれは一般的ではなく、この鳥をシ・パシクルと呼ぶのも、カラス送りをする天塩川筋では「本当のカラス」という意味だというが、カラス送りをしない地方では糞ガラス《シ・パシクル》の意味であるという。パシクルとは黒助野郎という意味であるともいう。魚を乾しておくとそれを攫って行ったりするために、寒風に素脛を削られながら、一日立番をさせられた思い出があるからであろう。だがカラスが人間の魚を盗むのは、昔オキナカムイという化物が世界を丸呑みにしたとき、カラスがその腹を啄いて穴をあけ、そこから人間の食糧の魚を出した功労があったからであるという話もある。

カラスは利口な鳥であると同時にずるい鳥でもあるという小噺がいくつかある。

北寄貝《ほっきがい》が波打ちぎわにいると、カラスが尻を振り振りやってきて、

「姉さんここまであがっておいでよ、背中をさすってあげるから仲よく遊ぼう」

と声をかけた。北寄貝は水からあがらずに、

「兄さん私があがったら、あんたは私の肉を食べてしまうでしょう」

といったと。

同じようにカラスがサケの目玉を食べたくて、川のよどみの上に止まって首をまげまげ、しなをつくって「私はいい男だろ」といって誘惑するが、サケに見破られて逃げられたとか、猟師が木の下で寝ていたら、木の枝に二羽のカラスがきて、一羽が「へ　タカ　エロ（もう食べよう）、へ　タカ　エ

ロ」というと、もう一羽が「ナ　フワ（まだ生《なま》だ）、ナ　フワ（まだ生きている）」といったとかいう話が伝えられている。胆振鵡川にも「タイ　タイ（カー　カー）」という繰返しのつく、つぎのような神謡がある。

カーカーと啼きながら、私は尻を振り振り川上にのぼって行った。すると一人の女が川に水汲みに来たので、

「お前さん、旦那いますかいませんか」

ときくと、「いるよ」といわれた。それでまた尻を振り振り行くと、小娘が水汲みにおりてきたので、

「旦那いるかね、いないかね」

ときいた。娘は、

「ア　私にはいないよ、休んで行かないかネ神様の若い衆、さァさァどうぞ、お先に歩いて下さい」

というので、尻を振り振り娘の先にたったところ、娘はころげまわって笑いながらも家に連れていって、御飯を炊いて出してくれた（御飯を炊いて食べることによって婚姻が成立する）。しかしカラスの食べ方だから嘴に御飯がついて、あたりに散らばってしまう。それをひろって食べていると、

「何だお前さん、どうしてカラスがものを食べるみたいにちらかすんだい」

といわれた。そこで、

「俺はね、さっきカラスの巣の下を通って来たんで、こんなになったのさ」

というと娘はもっと笑いころげ、

「さァ　さァ　神様の若い衆寝ましょうか」

といって床を敷いてくれた。私が思わずいつものように尻をあげて俯せになって寝たところ、

「何だこの神様の若い衆、どうしてカラスみたいな格好して寝るのさ」

と娘に笑われたので、

「いや、さっき川下でカラスの巣の下を通って来たのでこうなったのさ」

といったが、娘は笑って笑って、

「この腐れガラス、糞喰いガラス、お前なんかにだまされて、誰が嬶になんかなるもんか」

といって棒で叩かれて殺されてしまった。だから今のカラス共よ、人間に対してはいたずらをするもんではないぞ、とカラスが物語った。

また沙流川筋にも、カラスがウバユリの根を掘っている女の揺籠の中から子供を攫い、かわりに仔ガラスを入れて、自分が母親になって人間の子供を育てるが、子供が成長して狩りの名人になり、シカやクマをどしどし獲ってくるのでその皮の始末に困り、つい独り言の愚痴をいったのを狩りから戻った子供にきかれ、悪事がばれて殺され、子供は本当の父母にめぐり逢うという昔話がある。これもカラスのずる賢さを伝えるものである。

「カラス啼き」とか「夜ガラス」には、本州でも地方によって色々にいい伝えがあるが、コタンで

ハシブトガラス

も地方によって色々にいわれている。「カラス啼き」について八雲地方では、「沖に出るときワハーワハーと力なく笑うような声で啼くと、出かけるのをやめる。山にも行かない。外の祭壇のところでガオリガオリというような声で啼くと、よくないことが起きる。家の屋根に止まって啼くと、カラスの尾の方から人が来る。また山狩りにいったら狩りを司るカムイ・ウナルペ（神叔母）に木幣を立てて祈願するが、この祈願はカラスのいない朝早くか、夕方遅くなってから行なう。そうしないと、カラスが狩りの邪魔をするものに知らせるという。

日高の沙流川筋では「ガーガーと啼くと〝カラス啼き悪いから心を静めてくれ〟と祈る。心が高ぶっていると人と争いを起こしたりする」という。

石狩川筋では「クマの寝ている上ではカラスが騒ぐものだから、山でカラスが騒いでいたら注意しなければならない。またカラスがやさしい声で山から啼いて来て帰って行ったら、そっちの方にムジナか何か獲物がいるものだ」という。

阿寒地方では「朝カラスが家の近くに来てアアーオー、アアーオーと啼くのは、今日は必ず何かとれるという知らせだ。またゴワゥゴワゥと啼くときは山鳥でもウサギでもとれる。ワッワッと頭をさげながら啼くと、よいたよりをもった人が来るが、ガーガーと長くひっぱって頭をさげながら啼くと悪いたよりだ。炉鉤とカラスは仲がよいので、家の中でカラスの事をいうと直ぐにカラスに告げ口をされるから、カラスの話をするときには炉鉤に手袋《テツカエシ》をかぶせてするものだ」という。

釧路川筋では「カラスがガアガア大声で啼くと訪問客がある。山の中でカラスが集まって騒いでいると、その辺にはクマがいるものだ」という。

夜カラスが啼いて飛んで歩くのを、どこでもクンネ・パシクル（夜ガラス）といい、病気をもった化物が来たのだといって、「夜中に飛んで歩くと、六本のエゾノコリンゴの木の垣（枝に棘が生えていて通れない）になっているところにぶつかって通れないぞ」と悪口をあびせかけた。

神謡の中でも、牝グマが他のクマにひどい仕打ちを受けているのを、夫の牡グマが気付かずにいると、カラスがやって来て、「お前は神様なのに何というぼんやりだ」といって叱るところがある。それはカラスという鳥が色々とちがった啼声によって、人間の気付かないことを知らせてくれるからである。

釧路地方に、弓を持って踊るので普通弓踊りといっている歌舞がある。

イヤ　コー　コー
どこの林に止まる鳥か
イヤ　コー　コー
ぐるぐるまわって飛ぶ鳥は

これを阿寒ではカラスの踊りであるという。それは夕暮れ時の空をぐるぐるまわるカラスの群を描写したもののようであるが、カラスを弓で射るということはおどし以外にあまりないことである。白糠《しらぬか》や屈斜路では弓を持たずに、軽く両膝を屈伸させながら、両手を打ち合わせて左にまわる輪舞であるので、弓を持って踊るのはあるいは古いものではなく、途中で振付けされたものかもしれない。

カラスが日中フクロウを見つけると追いかけていじめるのは、昔、カラスがフクロウの着物《アッシ》を造ってやった礼に、自分にも着物をつくってくれとフクロウに頼んだところ、フクロウがカラスの着物に墨をぶっかけてしまったので、今でもその真黒にされた着物しか着られないのを恨みに思って、復讐をしているのだという。しかしこれは和人から伝わった話のように思われる節もある。

ハシボソガラス

ワーク　ワーク　ワクワク

この浜にクジラがあがった
ワーク　ワーク　ワクワク
小籠だ　小刀だ　砥石だ
ワーク　ワーク　ワクワク

これは釧路白糠《しらぬか》に伝承される歌である。クジラが氷にはさまれたりして海岸に寄り揚ると、一番先にそれを発見して人々に知らせるのは、人家から離れた山や海岸に棲んでいるハシボソガラスである。太平洋岸地方に伝わる砂クジラの伝説というのは、「敵に攻められたとき砂でクジラの形をつくり、それに海草をかぶせて小魚をはさんでおくと、朝早いカラスがそれを見つけて大騒ぎをした。敵は寄りクジラだと思って武器を持たずに駆けつけ、そこを物陰にひそんでいた味方の軍勢が殲滅させた」というものであるが、この伝説の脇役もハシボソガラスである。

ハシブトガラスが霧にまかれた舟人を救ったことは述べたが、ハシブトだけでなくハシボソガラスも、霧の中から遭難者に呼びかけていた。胆振鵡川ではこの鳥をカララク・カムイ（カララと啼く神）といって、「昔チンというコタンの老人二人が、松前に交易に行った帰り大時化《しけ》にあったが、やっと勇払の海岸までたどりついた。それを一羽のカラスが海岸の寄木に止まって見ていて、舟の先にたって鵡川の川口まで案内し、老人たちは無事にコタンにたどりつくことができた。それからこのカラスに酒をあげるようになった」と伝えている。

このカラスは方向を知らせてくれるばかりではなく、ハクチョウと同じように時化になることを知らせてくれる神でもあった。オホーツク海岸では、この鳥が群をなして飛んで来るとそっちから風が吹く（北見美幌）、朝に啼いた方から風が吹く（紋別）、またこの鳥が木に止まって頭をさげながら、ガーッ　ガーッと啼いているとカラスの向かっている方から風が吹く（斜里）などといわれている。石狩川筋ではカララク（カララと啼く）といい、太平洋岸でもカララク・カムイ（カララク神）とか、シラリコカリ（磯を往来する）という。北太平洋やオホーツク海岸ではシラルワク（磯に棲む）とか、シラリワク・カムイ（シラリワク神）、ポン・シラリワク・カムイ（小さい磯に棲む神）といって、仔ガラスを飼って置いて送るところがある。釧路の雪裡《せつつり》ではハシブトガラスやカケスと同じように、欠木幣《チメシュ・イナウ》を首と翼と脚、食道のところに一つずつつけて、ピンネ・シド・イナゥ（雄棍棒幣）にさげて祀る。日高のある地方では、この仔ガラスを飼うと子供が雄弁家になるともいう。

樺太《サハリン》の五弦琴の曲にチカマイ・イレッテ（ハシボソガラスの水浴）というのがある。カラスの水浴というのは天気予報と関係があって、北見美幌ではカラスが頭から水をあびると大雨になり、尻を水に入れて石の上にあがり、水を振るいおとすと天気がよくなるという。

ハクチョウの叙情歌《ヤイサマ》に似たハシボソガラスの悲しい物語が、胆振の虻田に伝承されている。

私と夫は人もうらやむ仲のよい夫婦であった。ところが夫は日本海岸の忍路《おしょろ》の漁場に連れて行かれてしまったので、私は独り残されて山畑に行って仕事をしていた。すると懐かしい夫の姿が幻になって目の前に現われたりして、恋焦がれてとうとう病気になり、鍬も捨てて家に帰って寝込んでしまった。心配した母親がどうしたのだと聞いても答えようがない。それでも叱ったりすかしたりして聞くので、夫のことが忘れられないのだというと、「それなら山の湖（洞爺湖）をまわって、山越えをして行くと忍路に行けるから、お前も忍路に行きなさい」とはげまされた。私は母がつくってくれた弁当を持って、山の湖の岸をつたって行ったが、疲れたので倒木に腰をおろして休んでいた。すると急に睡くなり、ウトウトしているうちに、私はいつのまにかハシボソガラスの姿になってしまった。

私はカラスの方が早く忍路に飛んで行けると喜んで、空に舞いあがって間もなく忍路の番屋の上に来た。私は屋根に止まって「ガー　ガー」と啼いたが、外へ出て来た漁夫たちは、

「やかましいてや碌でなしガラスの糞ガラス！」

と悪口をいって、番屋の中に入りたいのにどうしても入れてくれない。仕方なく屋根の棟に止まり、啼いて啼いて、夫の出てくるのを待っていたが、どうしても夫の姿が見当たらない。

そのうち漁場が切りあげになり、漁夫たちが荷物をまとめて帰ることになった。それを見ていると帰りの船に、私のことを思い患って病気になり、痩せ細り弱りきった夫が担がれて乗せられるのが見えた。私はその夫の乗った船のあとを追って虻田に帰ったが、夫は家に帰ると間もなく死んで墓に送られたので、私はそのあとを追って墓に来て毎日啼きつづけているのです。

オンネパシクル　イーネ（歳寄ガラスどした?）
カムタチ　タㇰワ　イサㇺ（麹とりに行った）
ネヤ　カムタチ　イーネ（その麹どした?）
サケアンカルワ　イサㇺ（酒つくってなくなってしまった）
……………

にはじまるかけ合い遊びのウパル・パクテ（互いに雄弁を競う）は「……その酒どした?／飲んでなくなってしまった／飲んだ酒どした?／糞になってしまった／その糞どした?／イヌが食ってしまった／そのイヌどした?／殺してしまった／殺した肉どした?／カラスが食ってしまった／そのカラスどした?／殺されてしまった／カラスの羽根どした?／矢羽にしてしまった／その矢羽どした?／天にぶってしまって黒い雲になってしまった」（十勝芽室太）とつづくが、カラスの矢羽が「ゼンマイになってしまった」（沙流川筋）り、阿寒ではイヌが殺され、その上に植えた木が人間に伐られて焚木になり、最後に灰になり「海の風と山の風にとばされて、なくなってしまった」で終わる場合もある。

しかし最初の出だしはいずれもオンネパシクルにはじまっている。オンネパシクルとは歳老いたカラスの意で、ワタリガラスのことである。ワタリガラスは北海道では色丹ガラスと呼ばれているが、カラスの中では一番大形でカムチャッカやコンマンドルスキーで蕃殖し、オホーツク海岸や北太平洋岸には十一月頃から三月頃までいて、西の方に帰るという。

一般にツルの舞といわれている「フン　トリ、フン　チカㇷ゚、アホー　アホー、ホイホー」（フント

リ　フンチカプはポントリ　ポンチカプで「小さい鳥だよ、雛鳥だよ」の意か）という歌は、昔ワタリガラスを送るときに歌われたものであるといっているところもある。

かつて屈斜路コタンにいたとき、古老の一人が老魚《ホッチャレ》になったサケの叩き肉で団子をつくっていたので、何にするのかときくと「オンネパシクル来たから、イケマ（ガガイモ科の蔓性植物で、毒性のある地下茎は魔除けにする）団子をつくったのだ」といっていた。それを原野の木株の上におくとワタリガラスが来て食べ、イケマに酔って動けなくなる。そこを捕えるのだということであった。そのときうまくカラスがつかまったかどうか記憶にないが、面白い捕獲法があるものだと思ったことだった。

胆振穂別にはワッカ・オケプという鳥がいるという。夜この鳥が啼くと大水が出るという碌でもない鳥で、よい事で神の使いに出されるとつまらなそうな声で啼き、悪い使いの時は喜んで飛んでくという。この鳥が何であるかはっきりしないが、あるいはワタリガラスのことかとも思われる。

ホシガラス

ハイマツの多い夏の亜高山地帯にいて、ガーガーと濁声をあげてゆるく波状に移動するホシガラスは、カケスと同じカラス科の仲間である。コタンではメトット・エヤミ（山奥のカケス）とか、カケス送りをする北見美幌では特別にメトット・エヤミ・カムイ（山奥のカケス神）とも呼んでいるが、別に生活とあまり深いかかわりあいはなかったようである。

スズメ

昔、コタンではスズメをつかまえると、カケスと同じように子供の遊びの相手にされた。頭の羽毛をつかんでぶらさげられ、「アチャポ　タプカラ　キーキ、ユポ　タプカラ　キーキ、エカシ　タプカラ　キーキ、ムンチロサケ　クーク、ピアパサケ　クーク」とうたって踊らされ、「サケノエ　サケノエ　アンナー」と寝かされ、「サカヨ　アンナー」といっておどかされた。この遊びはカケスよりも広い範囲で行なわれたようで、日高静内町だけでも東別、農屋、東静内できかれたし、三石、門別、新冠、平取や釧路屈斜路でも採集できた。

スズメのことをアマメチリ（アマム・エ・チリで穀物を食う鳥）、アマメチカプ（名寄や千歳でいう）というが、釧路雪裡ではアマメチリトノ（穀物を食べる鳥殿）といって酒をあげ、北見美幌でもアマメチリカムイといって神にしている。このアマメチリ、あるいはアマメチカプは、穀物を食う鳥と名付けているところからすると、ただのスズメではなしにニュナイスズメのようである。なお釧路春採ではアマメチリというのは屋根スズメであり、もう一つのスズメはポンチカプ（小さい鳥）というのだと区別しているが、静内農屋ではアマメチカプはニュナイスズメだといいきっている。

スズメは穀物を食う鳥として、つぎのような「ハン　チキキ」という繰返しではじまる神謡が伝承されている。

私がいつものように、人間のところから一穂のヒエを盗んできて、六つの桶に酒をしこみ、二、三日待っていると、神様たちがびっくりするほどの香りが、家のなか一杯にひろがった。神様たちは早くそれが飲みたいものだと、私のところから使いの行くのを首を長くして待っていた。酒がこされ、私のところから使いが四方にとんだ。鷲男、懸巣男、鳶男、鷹男それに烏男や川鳥男にも使いが届き、皆バサバサバサバサと羽音も高く、私の家に集まった。「何という上等な酒だ」と皆は口をならして飲みほし、席が次第ににぎやかにわきたった。

そのとき懸巣男がこっそり外に出て行って、カシワの実を一つくわえて来て酒桶の中に「トポン」と入れた。すると酒の味はいっそうおいしくなったので、神様たちは手を叩いて喜び、「さすがは懸巣男殿、何とも立派な心がけ……」とほめたたえた。それをきいて烏男は、「俺だって……」と踊り踊り外に出て行き、何かをくわえてくると「どぼん」と桶に入れた。すると酒はたちまち臭くまずくなった。烏男の入れたのはきたない糞の塊りだったのである。皆大騒ぎになり、「とんでもない莫迦ガラスが」といって、四方八方から烏男はつつかれ、むしられ、いまにも殺されそうになった。驚いた私は、「誰かに仲裁してもらおう、そうだキッツキにたのもう」とキツツキのところへ飛んでいった。ところがキッツキは自分だけ酒盛りに招かれなかったので、腹立ちまぎれに、「エショク　ショキャク　お前は酒を造っても、私を招きもしなかった。たとえ喧嘩がはじまろうが、私の知ったことか」とやけくそに木を叩きながらいった。私は、

「ハン　チキキ　たしかにそうだ、キッツキを招くのを忘れていた。申しわけないことをしたが、

スズメ

いまさらあやまっている閑もない、さてどうしたものか」と迷った末に、シギに頼むことにした。しかしシギもすこぶる機嫌が悪かった。

「ハン　チピヤㇰ　お前は酒を造っても、私を呼んでくれなかった。たとえどんな論争が起ころうと、私のところへこられた義理か」

そういってシギは叢に入ってしまった。「全くシギのいう通りだ、私は何という間抜けだろう、それにしても烏男はどうなった」と急いで私が戻ってみると、烏男は皆に羽をむしられ骨を折られ、見るも無惨に殺されていた。だから酒を造ったときは皆を忘れずに呼ばなければならないものだ。

とスズメの神が物語った。

これは釧路屈斜路コタンで集録したものであるが、この神謡は全道各地できくことができ、なかには主人公がスズメでなくトガリネズミの場合もある。この動物たちが穀物に集まるところから、神の国でも人間と同じように酒造りをし、酒盛りもするという発想であるが、それよりもここでは、酒を造ったときに客を招待する心構えを述べているようである。

昔の人たちがスズメのことをアマメチカㇷ゚と呼んだことについて、幕末の北海道探検家松浦武四郎は『納紗布日誌』の中で、虎杖《いたどり》の「実はクツタラアマ《虎杖米》、と云、酸模《シユナパ》はシユナパアマ、と云て飯に炊き候よし、余は夕張《ユウハリ》、シコツ辺にて喰し事有なり。土人は如此事験窮して、雀の喰ふ物成ば何にても糧に用ゆると、依て雀をアマ《飯》、チカプ《鳥》といへり。」と記している。

ウグイス

本州では早春に忘れてはならない小鳥であるが、コタンの生活とはあまり関係がなかったようで、屈斜路湖畔で聞いた名は、啼声からつけたと思われるオバケキョだけであった。天塩川筋の名寄で教えられたイタㇰ・アチァ（おしゃべり叔父さん）というのは、はたしてウグイスか、それともクロツグミのことであるか、はっきり断をくだすことができない。知里辞典によるとこの他に千歳ではホホチリ（ホーホー鳥）、北見美幌ではコンペチリ、樺太《サハリン》ではホポケッチャ（ホーポケッチョという啼声から来たらしい）とある。

また同じ知里辞典の第三巻二一四頁には、樺太《サハリン》でシラウラ、トンナイでアンクマサンケと呼ぶ小鳥は「(この小鳥が浜の草原に出て来てさえずれば、ニシンの来るのも間もない)。トンナイではこれをウグイスだと云ッた人がある。〔an-kuma-sanke は『われらの魚乾竿を取りだせ』の義〕」とあり、季節の生活と結びついているので、あるいはウグイスかとも思われるが、この鳥が浜の草原で啼いたのは聞いたことがない。

ヒバリ

ピシタリンポ　ピシタリンポ
シリコン　ドワテ　ドワテ
マークン　マークン
クルルン　クルルン
キナトイ　クルカ
コーケン　ラッキ
チコ　パララ

もう二十年ほど前の早春、内浦湾の八雲のコタンに採取旅行をしたとき、砂丘にある祭壇に案内してくれた古老が、祭壇の後から明るくはれあがった空に舞いあがるヒバリを見上げながら、今ヒバリがうたっているという歌をうたってくれた。意味はと訊くと、しばらく考えて、「意味は三年くらい考えないとわからないなァ」といって、腹の底まで見えるほど大きな口をあけて洪笑した。

知里博士の『アイヌ民俗研究資料』の中にも、

タカ《そこの上へ》　タカ《そこの上へ》　チュロ《降りよう》　チュロ《降りよう》　ノッネ　ピリカ《美しい》　アントイ《大地の》　キナカ《草の上に》　コーケウ　ナッキ　ソ
レタ　チュロ《降りよう》　チュロ《降りよう》　チャピシカン《口のまわり》　チャ《口の》　ケレレ　オッパ　テンテン　サーピッチァララ

チリッ

という歌が収載されている。この歌には「昔、鼠が天の神から何かを借りて『いつ返すか』ときかれて『柏の葉が落ちてから』と答えたが、柏は冬になっても葉がおちない。枯れ葉が落ちたと思うと、もう若葉がついている。そこで天の神が雲雀《ひばり》に言いつけて、鼠に催促させるときの歌である」という説明がついている。しかし歌詞の様子からすると、これはつぎのような昔話に登場するヒバリの、抗議《チャランケ》の歌のように思われる。

地上に行く用事を神にいいつかっておりたヒバリが、地上のあまりの美しさに魅せられ、その日のうちに帰るようにいわれていたことを忘れて遊び過し、日が暮れてしまった。ヒバリはその日は草の間に寝て、翌朝天上に帰ろうと飛びたったが、そのとき神様の大声が叱りつけた。「いうことをきかず、勝手に地上に泊まりおって、もう天に帰ることはまかりならん」と。ヒバリは「そりゃあんまりだ神様、あんまり地上が綺麗なので……」としきりに言訳をした。それで今でもヒバリは中空より上にはあがれないのだという。

それで釧路地方ではこの鳥を談判鳥《チャランケチリ》といい、日高静内でもパイカラ・ポンチカプ（春の小さな鳥）の他にチャランケ・ポンチカプ（抗議する小さな鳥）ともいう。十勝本別の老婆が遠い日を思い浮かべながらうたってくれた歌も、意味はわからなかったが、聞いていると、春の空でヒバリがうたっているかのように明るい響があった。

アマテ　アマテ　チン　ペゥ　トワ　ハチ　ラト　カン　ピワ　ピタニタ　ニニ　カチュ　カチ

チョケ　カチ　チャケ　コー　キリリ

ヒバリとネズミとの関係については、さきにふれたものと同じような話と歌とがいくつかある。胆振鵡川には「ネズミが大事にしていた餌をヒバリに盗まれ、腹をたてて刀を持って待っているとヒバリがやって来た。ネズミは〝この野郎〟と刀を振りまわしたが、ヒバリは、

米一斗五升
それで首切るか
さァ切れ　さァ切れ

と囀って天上に舞いあがってしまう。ネズミはくやしがっても飛べないので、ただおどりあがるだけだった」という話が伝えられている。また沙流川筋にはつぎのような歌がある。

ヘン　タラ　チィツカ　（いつ　俵　俺が　盗んだって）
タンタラ　チィツカ　（この俵　俺　盗んだって）
ケッカ　ソ　ソ　ケッカ　（盗んだ？　本当に盗んだってか）
ソ　ケッカ　ソ　ケッカ　（本当にとった？　本当か）

十勝芽室の老婆がうたってくれた歌はアイヌ語ではなくて、日本語であった。ここでは「昔ヒバリは殿様の草履とりだったが、草履の片方をなくしたか汚したかで首を切られ、それでヒバリになって抗議しているのだ」という。

チョリの半分《はんぶん》なんた

チョリの半分なんた
切るなら　切れ　切れ
切るなら　切れ　切れ

談判鳥《チャランケチリ》の他にヌプカ・オレウ（原野におりる。近文）、リクン・チリポ（高みにいる小鳥。八雲）、リコ・チリポ（高みに行く小鳥。幌別）、トイタ・カムイ（畑を耕す神。美幌）、キト・チリポ（ギョウジャニンニク小鳥。近文）、オタ・チリ（砂浜の鳥。釧路）など、実に呼び名が多い。

アオジ

なぜ神と呼ぶのか、今ではその理由を知っている人はいないが、屈斜路湖畔ではポン・ムルルン・カムイ（小さい叢の中の神）と呼んでいる。やはり屈斜路でムルルン・チカプ（叢の中の鳥）とも呼んでいたが、釧路春採辺ではプクサ・エ・チリ（ギョウジャニンニクを食う鳥）ともいうのだときいたことがある。

ノゴマ

知里辞典第二巻二一五頁に、松浦武四郎の『納沙布日誌』を引用して「赤鳥《フウレチカプ》（大さ鵙の如く、觜黒く、背藍鼠、胸に丸き輪有。依て和人日の丸という）ノビタキか」（鵈は日誌に鵖とある。鵖はマナヅルのことであるが）とある。ノビタキの雄の背は黒で、雌は暗褐色である。ノゴマの雄はオリーブがかった褐色で、しかも和人が「日の丸」といっているのはノビタキではなく、ノゴマの呼び名に使っているので、ノゴマではないかと思われる。ノビタキの胸は栗色であって、ノゴマは喉から首の前部が火のような紅色をしている。

ムクドリ

一般にサクラドリと呼ばれ、雪がとけ地面が現われる四月に入ると渡って来る。畑の耕作がはじまると、耕された土から出てくる畑の害虫、コガネムシの幼虫などを拾って、洞木につくられた巣にいる仔鳥に運ぶ益鳥であるが、漁狩猟をする人々にとってはそれほど役にたつ鳥とは思われない。日高静内の昔話に、

アッペッというコタンに男六人、女六人の兄妹があった。両親はもう年老いてしまったが、上の子供たちは少しも両親の世話をせず、末の女の子と男の子の二人が両親の面倒をみていた。あるとき両親は末の女の子と男の子に、「子供というものは両親があって生まれ育てられて来たのに、兄や姉は自分たちのことしか考えない親不孝者になってしまった。お前たちだけは人間の気持を失うものでないよ、そしてこれからはこの村の川をアッペッと呼ぶんだよ」といい残して、女の

子には母親の宝物を、男の子には父親の宝物を渡し、「これは先祖から伝わったものだからなくすなよ」といって、杖をついて「アッペッ　アッペッ」といいながら浜の方におりて行った。それからしばらくすると、一番上の心の悪い兄はムクドリになり、二番目に生まれた娘はホチコㇰと啼くアオバズクになり、三番目は少し根性がよいのでイタタ・チリ（板を叩く鳥）という、クイナになった。こうして最も悪かったムクドリとアオバズクとは、雨のふる時木の幹を伝う雨水だけしか飲むことができなくなり、そのうえ木の実もコクワ（シラクチヅル）やヤマブドウを一日に二粒しか食べることができなくなってしまった。親不孝をするとこんなめにあうものだよ。

とある。この親不孝者の長男がなったムクドリを、アイヌ語ではシルシ・チリというのだというが、ヤマゲラのこともシルシ・チリと呼ぶ。またヤマゲラが変な声を出すと天気が悪くなるのは、親不孝をしたために水が飲めないので、雨をふらせるために啼くのであるといういい伝えもあるので、シルシ・チリがはたしてムクドリであるか、ヤマゲラであるかなお不明である。

北見美幌では、畑をつくる頃に渡ってくるので、トイタ・チカㇷ゚（耕作鳥。シギも同じ名で呼ぶ）とか、シケレペ・エ・チリ（カラフトキハダの実を食う鳥）とも呼ぶという。名寄地方ではアチャムと呼ぶということで、地名のハチャム（発寒《はつさむ》及び厚沢部《あつさぶ》）はムクドリのことであると解されているが、漁狩猟生活にあまり関係のない鳥の名が地名として定着するということは、容易に理解できないことである。

カッコォ

カッコー　カッコー
支笏川《シコツベツ》に　魚《チエプ》いない《サク》と
利別川《ドシベツ》に　魚《チエプ》どっさり《オッ》いる
カッコー　カッコー

これは北海道の各地できかれる、閑古鳥神《カッコン・カムイ》が初夏のコタンでうたうという歌である。祭のとき人間のうたう歌にあまり意味がないのに、なぜカッコォのうたう歌に漁占いのような意味があるのだろうか。それよりもなぜこの鳥が神として大事にされたり、この鳥の神謡などがあるのだろうかということが私の永い間の疑問であった。

ある年十勝の芽室太《めむろぶと》に盲目の老婆を訪れたとき、ひろびろとした十勝野の上に、明るいカッコォの声が四方から響きわたっていた。私が何気なく「今朝カッコォが啼きだしたね」と話しかけると、老婆の顔は急に花でもひらいたように明るくほころんで、

「そうか、カッコン・カムイが啼きだしたか、それでは川にマスが入ったな」

といった。そしてカッコォが啼くと十勝川にマスが溯りはじめるが、それが一度にどの支流にも入るのではなくて、雪どけの早い山から流れる川の水は早くぬるむから、そういう川には早くマスが入り、

雪が多くいつまでも残雪のある山から来る川の水は冷たいから、なかなかマスが入らないのだ。だからカッコォの歌の通り、支笏川に魚がいなくとも、利別川《としべつ》には入っているかもしれないから、色々な川を探してみるものなのだと話してくれた。しかも支笏川はチコㇽペッ（われわれの川の意で、村をうるおす郷川のこと）の訛りであり、利別川もトウㇱペッで沼の多い川の意であるということで、この十勝地方ではカッコォは川にマスが溯ったことを知らせる神だったのである。

カッコォはどの地方でもカッコㇰ、またはカッコン・カムイと、その啼声から名付けられている。この啼声によってマスの溯河を知るばかりでなく、つぎのように色々とコタンの生活の吉凶を占ったのである。

「コタンの近くでカッコォが啼くと豊作、山奥で啼く年は凶作」（虻田）、「川淵に出て夜啼くと大水がある。山ばかりで啼くと旱天」（名寄）、「夜啼くと大水が出る」（平取）、「夜啼くとコタンに変事が起こる」（十勝本別）、「カッコン・カムイが家に入るとくらしむきがよくなる」（塘路）

それらを伝える神謡が各地に色々と伝承されている。胆振虻田のものはつぎの通りである。

私は天の神から人間の村の見張りをするようにいいつかって、コタンの裏の高い山に家をつくり、朝から晩まで、晩から朝までコタンを監視していた。

ある日文化神オキクルミが沖に漁に行く用意をしていたが、私には沖に行くとあらしになってひどいめに逢うことがわかっていたので、それを知らせてやろうとオキクルミの家の屋根の上に飛んでゆき、祭壇のかみてに行って止まり、尾を上下に動かしたり曲げたりして「カッコー　カッコー」と啼いて、危急を知らせる歌をうたった。するとオキクルミは、冠もかぶらず神窓（神々の出入りする窓）から顔を出し、怒りの様子を顔に現わして、

「やかましいてや化物野郎、おい皆の者、外へ出てオパラパラをしろ」

といった。そこで昔の人たちが悪いことのあるときしたように、貧乏人や女が表へ出て、尻をまくり着物の前をあけてバサバサとやった。私は腹がたったのでオキクルミの弟のサマイクルのところへ行き、祭壇のかみてに行って危険のせまっていることを知らせる歌をうたった。するとサマイクルは立派な羽織を六枚も重ね着し、立派な冠を戴いて神窓のところに来て、二度も三度も腰の折れるほどまげて礼拝し、村人たちに礼拝するように知らせた。それでサマイクルの村では、皆も私を拝んでくれた。

その後私はサマイクルの夢の中に現われて、「オキクルミは私のいぅことをきかずに沖に行き、ひどい時化《しけ》にあって死ぬようなめにあったが、死なせるのも可哀相なので生命だけは救ってやった。オキクルミは今ごろになって誰が助けてくれたか探しているが、私はオキクルミの前から自分の姿をかくしているのだ」と知らせた。それで弟のサマイクルは兄のオキクルミを尊敬しなくなり、私には木幣をつくり酒もあげてくれるようになったので、私もサマイクルによいことをしたといって、天の神さまにほめられ偉くなったのだ。

とカッコォの神が物語った。

この神謡はところにより川上の酋長と川下の酋長になったり、カッコォ神が教えたのは時化《しけ》ではな

カッコォ（永田洋平氏撮影）

く山津波であったり、鉄砲水であるなど色々である。

カッコォの中にレタル・カッコン・カムイ（白いカッコォ神）という白変のカッコォがいて、釧路川筋ではこれを猟の守神として祀っておくと、猟運に恵まれるという。またフレ・カッコン・カムイ（赤いカッコオ神）というのを守神にして家の祭壇に祀り、酒をあげたり、クマを獲ったときにその血をつけてやると雄弁をさずけてくれるともいうが、この神の力で雄弁になったものは、心のよこしまなものであるともいう。それを裏書きするように赤カッコォの物語が各地にある。十勝芽室太の伝承はつぎのようなものである。

ハンルイ　カッコー、ハンルイ　カッコーと私がうたっていると、人間の童共《わらし》が私の口真似をした。私は腹をたて、川上の水源地に行って何日も何日も、大口をあけて水を飲んだので川に水がなくなり、水も飲めなく魚もとれなくなってしまい、そのため神様も人間もたくさん死んだ。するとそこにオキキリマが来て、「この悪いカッコォ奴、子供が口真似をしたといって何をそんなに怒っているのだ、今にこの矢で射落としてひどいめにあわせてやるから……」といって、弓に矢をつがえて射かけてきた。しかし私が右によけ左によけするので一本もあたらず、矢がなくなったので怒って戻って行ってしまった。

するとある日、サマイクルが川下からやって来て「この碌でなしめ、お前のために川が乾いて、神様も人間も困っている、今この矢で射ってひどいめにあわせてやるから」といった。私は何をたかが人間のやることとくらいとたかをくくっていたが、サマイクルの矢がぶっつりと腹の真中に当たったので、何が何だかわからなくなり、木からおちてしまった。しばらくして気がついてみるとサマイクルが、今にも足で私を踏みつけようとしながら、「今まで通り水を通したらゆるしてやるが、そうでなかったら地獄へ蹴おとしてやるから」といった。それで私はまたもとの通り水が流れるようにした。それから私も木幣がもらえるようになった。

この神謡でカッコォをこらしめるのは、日高地方ではサマイクルではなくオキクルミになっている。

「私たち姉妹が人間の国に働きにおりたとき、オタスッコタンが野盗に襲われて酋長が殺された。そのとき酋長の奥方が祭壇の木幣の中に、まだ子供だったお前を隠し、〝主人が生きていたとき大事にした神様がたくさんあったが、その中の何神でもよいからこの子供を育てて、私たちの跡を絶やさないで下さい〟と頼んで、敵の中に切り込んで行って殺されてしまった。」

「それで私は黙って見ていられないので、カッコォ姉と一緒に他の神々に見つかると罰せられるのを覚悟で、お前を天上に連れてきて育てたが、もうお前も大きく一人前の男になったので、今年はお前を昔の家に連れて行くつもりだ。淋しいだろうが頑張って親のあとをたてておくれ。そしてお前が大人になって神様に酒をあげられるようになったら、〝カッコォ姉、ツツドリ姉のおかげで私もこんなになった〟といって、お酒をあげておくれ。」そういって、私はカッコォ姉と一緒に小歌棄人を地上に連れて来た。そして荒れた家の中を片付けて住まわせ、「そのうち人が通ったら泊めてやりなさい、そうするとだんだん人も多くなる。私たちはこれからもとの鳥の姿に戻るから、もう私たちの顔は見ることができないが、我慢するんだよ」といって別れを告げた。姉は、「カックク」と叫んでカッコォの姿になって飛びたち、私も「ドドー」といってツツドリになって空に飛びたった。

（ここまではツツドリの自叙であり、ここからはツツドリとカッコォに育てられた、小歌棄人の自叙になる）そのあと私は「カッコォ姉！ツツドリ姉！」といって泣いていたが、姉たちのいったことを思い出していると、そのうちに他から一人来、二人来るのを泊めているうちに、家も二、三軒になった。私も酒を造れるようになったので酒を造り、「姉さんたち、おかげでこんなになったのでお礼を申上げます」といって供えた。それからはカッコォにもツツドリにも皆が酒をあげ大事にするようになった。

これは昭和三十七年、静内町農屋の老婆に教えてもらった神謡である。カッコォとツツドリが姉妹であるということは、同じ季節に北海道に飛来し、姿もよく似ているからであろう。やはりこの鳥が啼くと川にマスがのぼるので、日高平取のペナコリコタンでは、カッコォがマスの来たことを知らせるのではなく、ツツドリが、

ド　ド
チコㇽペッ　チェㇷ゚　サク
ドシペッ　チェㇷ゚　オツ
ド　ド

とうたうといい、釧路白糠でも、

ピリペッ　チェㇷ゚　サク
ドシペッ　チェㇷ゚　オツ
ドド　ドド
ドシペッ　チェㇷ゚　サク
ピリペッ　チェㇷ゚　オツ

ドド　ドド

とツドリがうたってマスの遡河を知らせるのだということになっている。また知里辞典の植物篇一四七頁にはフクジュソウのことを樺太《サハリン》ではドドテヘカ・キナ（ツツドリの食う果実の生ずる草）といって、

カッコォとツツドリわ夫婦の神である。カッコォが男で、ツツドリが女だ。この夫婦の神わ、神の国でわ、魚の出る家の中に住んでいる。春になって、女の神が先に出ると、男の神わあわててその後を追っかける。その際、あまりあわてて戸もろくに閉めずに飛び出すので、その年わ魚がたくさん獲れるのである。反対に、男の神が先に出ると、女の神わ後をていねいに閉めてくるから、その年わ不漁になるのである。自浦でわツツドリわ次の様に鳴く。

chépox! tútux　魚が多い！　ドドッ！

chépox! tútux　魚が多い！　ドドッ！

北海道日高国二風谷でわ次の様に鳴く。

tútut　ツツドリ

yáse　綱引け

chi-kór-pet　里川に

chép ot　魚がいっぱい

胆払国幌別でわ次の様に鳴く。

Shikót-pet　シコッペッ川
chép ot　魚みちくれば
Tús-pet　ドシペッ川
chép sak　魚いずなりゆき
Tús-pet　ドシペッ川
chép ot　魚みちくれば
Shikót-pet　シコッペッ川
chép sak　魚いずなりゆく

と記されている。

キジバト

カッコォやツツドリよりも早く、天上の神の国（鳥神の国）から耕作のために一番先に地上におろされたので、十勝地方ではトイタ・チカプ（耕作鳥）などと呼ばれている。元来神であるので、地方によって鳥の巫歌《チカプ・オイナ》（北見）、鳥虫歌《レキ》（胆振）、鳥の叙事詩《チカプ・ユーカラ》（樺太《サハリン》）などという歌や神謡がうたいつがれている。釧路地方には山鳩《コセイドド》のうたう詞曲《ユカラ》といって、

コイセワク　ドドク　（キジバト　ドドク）

ウント゚ㇽシ　ケプル　（垢だらけの皮衣を）
ウンチ　アン　ミレ　（私が着せられ）
ウンチ　パッカイテ　（私が子守をさせられ）
チェ　トランネ　（私がなまけ）
ウンチ　ヤㇰヤㇰ　（私がふりまわされ）
ウンチ　ペッペド　（私がひっかかれ）
ウンチ　トッタカㇽ　（私が叩かれた）

というのがある。この鳥の啼く頃は、コタンの老婆や母たちも林や原野で、ヤブマメやウバユリ、ギョウジャニンニクなどの採集に忙しいので、子供たちはボロの皮衣を着せられ、叱られ叱られ子守をさせられたからであろう。

このいやな子守をさせられ、水汲みをなまけて叱られたという歌は、日高静内を境にした東の方の、いわゆる東方人《メナシウンクル》系の人々の間でうたわれ、西の方の日高や胆払の西方人《シュムウンクル》系の人々の間でうたわれたものは、

クスウェプ　トイタ　（キジバトが　耕し）
フチ　ワッカ　タ　（婆ちゃんが　水汲み）
カッケマツ　スケ　（かあちゃんが　炊事し）
ポンカムイ　イペ　（仔熊が　食べた）

ポン　（ポン）

となっている。しかしこの地方でも海岸を離れて山奥に入ると歌詞が少しちがって、ポンカムイ　イペ（仔熊が食べた）がポントノ　イペ（小殿が食べた）となる。小さい殿様とはいったいどんな人をいったのであろうか。大殿の家来たちが自らを小殿《ポントノ》と称して、コタンの人々の上に大きく君臨したのに、抵抗して山奥に入った人々がうたったのではなかろうか。ポントノ　イペとうたうところはここだけでなく、天塩川筋でもうたい残されている。歌とは抵抗の表現であろうか。

どうして天に連れて行かれたのか、私は天上の神の国でキジバト姉とカッコォ姉に育てられていた。私は四、五歳になると鳥の眠るときも眠らせず、食物を食べるときにも食べさせないほど泣いてあばれ、背負って外に出ると背中をかきむしり、抱いてあやそうとすれば胸をひっかいてあばれた。

ただ刀の鍔とか耳環を糸にさげて振ってみせると、そのときだけは泣き止んでにこにこするが、それが止まるとまた泣きわめくという始末だった。

あんまり泣くので、キジバト姉は私を鳥の形のついた金の小袖に包んでおぶい、天上の木の生えている六重の天をくぐり抜け、岩のある天を六重通り、水のある天も六重通り過ぎて、地上に向かった。地上にはたった一軒だけ人間の家があったが、その家の大きいことといったらまるで小山のようであった。その上に私たちはフワリとおりて、空窓をそろりと開けて中をのぞいてみると、家の中は草がボーボーと生え茂り、土間の草は屋根までとどき、寝床の草も壁にからみついていた。

キジバト姉は私をおんぶしたまま草をむしり、草のなくなったところに私をそっとおろした。そして炉の中に生えた草をむしって炭と一緒に外に出し、アシで編んだ敷物を敷き、その上に模様のついた蒲莚を敷いて、床を綺麗に片付けてから、火打石をうって新しい火を焚いた。それから私に、「今まで天上でお前を育ててきたが、あまりお前が地上に帰りたがって泣くので、とても天上ではお前のお守ができなくなった。それでお前をここに送って来たが、私が天に帰るとお前を育てたことで、きっと兄たちからひどい仕打を受けるにちがいない。もし六日六晩空で雷がなって、血の雨《ケムアプト》が降ったなら、カッコォとキジバトの姉が殺されたのだと思って、お前が大きくなって酒を造って神様にあげるようになったら、酒粕の水でもよいからあげておくれ」といって、家に入った空窓から空に舞いあがり、天上に帰って行った。それから間もなくキジバト姉のいうとおり、六日六晩雷がなり、そして血の雨が降ったので、私は姉たちが殺されたのだと思った。

それから私は地上の家で大人になり、やがて女の人が来て二人で暮らすようになり、酒も造れるようになったので、高い山の上にトドマツで立派な祭壇をつくり、川淵にも美しい祭壇をたてた。家の裏に昔からあった古い祭壇の上手の方にはカッコォ姉《カッコク・サポ》の祭壇を、前の方にはキジバト姉《トット・サポ》の祭壇をつくって、神祈りをするようになった。そしてその祈りのときには、天上から包まれて来た金の小袖にもカッコク・サポとトット・サポの名をいって酒をあげるのである。

これは樺太《サハリン》の姿の見える宗谷岬に近い、オラムナイコタンの盲目の老婆が教えてくれた昔話である。神の国では神々も人間と同じ生活をしていると考えられていたから、人間の子供が天上で育てられるということは決して絵空事ではない。カッコォやキジバトが渡ってくる頃には、明るく甦る自然が人間生活を暖かく包んでくれるので、そんなところから生まれた伝承であろう。

宗谷ではトット（啼声）、北見美幌ではドド・カムイ（ドド神）、屈斜路ではトイタプ（畑を耕すもの）とかトイタチリ（畑をおこす鳥）、釧路白糠ではコイセドドク（啼声）、千歳ではドドプ、深川など石狩川水系と胆振穂別ではクスイェプ、網走や天塩川筋名寄ではクスウェプという。

アオバト

札幌に近い小樽の海岸に和宇尻《わうしり》という地名がある。現在は海岸の部落名になっているが、もともとのアイヌ名ワウ・シリ（青鳩島）は、現在恵比須島と呼んでいる海の中の岩島に名付けられたものである。この岩島には、温泉の湯や海水を飲む習性のあるアオバトが、海水を飲むために群をなして集まったので、こうした地名がつけられたもののようである。奥尻島の青苗《あをなえ》という地名も、ワウ・ナイでアオバト川の意であったという。

カッコォと同じようにどこでも啼声からでたワオとかワウ、ワウォウという名で呼ばれている。日高沙流谷では、「昔、木を伐りに山に行った夫が、道に迷ったか、倒木にうたれたかして帰らないの

アオバト（永田洋平氏撮影）

で、妻は泣きながら山を探し歩いて死んでしまった。可哀相に思った神様はその女を鳥にしたので、今もアオバトの姿をしながら、

ホ　ワ　ホ　ワオ
ホ　ワ　ホ　ワオ
ワ　オ　ホ　ワオ
ホ　ワ　ホ　ワオ　ホ　ワオ
ホ　ワ　オ

といって啼くのであるという。また胆振鵡川に伝わる神謡には、

ワオリ　私の声の半分を　村の子供が
私の歌を真似るので　私がおこって　夜
でも　昼でも　叫びつづけたので　神様
も　人間も　眠れないので　オキクルミ
カムイが　上半身を　窓から出し　私を
見て　いうのには　誰だ　こら　お前の
生まれを　知らないのか　人間も　神様

も　ちがうこと（ないのだ）子供というものは　声を出すものだ　子供の遊びに　お前がおこって　声を出すので　お前の生い立ち　ききたくて　お前が騒ぐなら　ずっと昔に　たくさんの和人の杣夫が　杣夫なので　山に入ったら　道に迷って　呼びながら　歩いて歩いて　行き倒れ死んだので　和人の死んだにおいを　木の神　山の神　皆が　その臭《くさ》い臭いをいやがって　悪い和人の髷《まげ》を　アオバトにした　自分で自分の生い立ちを　ききたくて　お前が叫ぶので　私がいうのです　全く　魂がなければ　神様も　それをいやがって　アオバトにしたのだよ　国中をお前が呼びながら　歩いて生い立ちを　ききたいのなら　私がきかせよう　とオキクルミカムイがいったとさ。

とある。この伝承は広く各地に伝えられている。釧路屈斜路でもこの鳥をワオーといっているが、ワオーとは莫迦という意味で、やはり山で迷った和人の魂が、死んでからも自分たちを莫迦にして「ワオー　ワオー」というのだと伝えている。和人から阿呆という屈辱的な言葉で痛めつけられたことが、耳の底にこびりついていて、こうした伝承を形づくったのではあるまいか。

エゾヒヨドリ

渡り鳥の帰ってしまった疎林の中を甲高い声を出し、高く低く波うって飛ぶこの鳥を、胆振山中の穂別ではハプエ・チリ（ヤマブドウを食う鳥）と呼んでいるが、北見美幌の古老菊地儀之助翁はウパシ・チリ（雪鳥）と呼んで、この鳥が姿を見せるようになると、間もなく雪が降るようになるといっている。

しかし同じ菊地老が、ウパシ・チリ（雪鳥）はシマエナガのことで、この鳥は「冬に群をなしてやって来て雪の上に降りるのでこの名がある」（『知里辞典』）とも語っている。私が昭和二十五年に知里博士と一緒に調査したときには、たしかに「体の白い、冬によく来る小鳥で、嘴が黒く、翼に小さな……」と教えられたが、二十六年一月に常呂《ところ》町のクマ送りに行く途中、エゾヒヨドリが飛んでいたので名をきくとウパシ・チリだと教えてくれたものである。両方ともそう呼ぶのかもしれない。

シマエナガ

エゾヒヨドリのところで述べたように、北見美幌の古老はこの鳥をウパシ・チリ（雪鳥）といって、これが群をなしてやって来ると、間もなく雪が来るという。鳥類図鑑によると四十雀科の小鳥で「樺太、南千島及び北海道に産し、……」とあるから年中北海道にいるのであろうが、この鳥が群をなして人里近くに姿を現わすのは、たしかに初冬の初雪の頃である。頭から腹にかけて雪を抱いたように真白なので、いかにもウパシチリというにふさわしい姿ではあるが、実際に姿を見て名をたしかめたのはエゾヒヨドリの方であった。

私が昭和初年に屈斜路コタンで最初に教えられたヨタカは、オラウンクル・カムイ（冥府から来る神）という化物で、あの世《ポクナシリ》が不景気になると出てくるのだということであった。山狩りに行き、野営の火を焚いていると頭の上に来て「クレッ・クス・クエㇰ！　クレッ・クス・クエㇰ！」といって威嚇し、「うるさい！　遠くに行って啼け」というと、いよいよ近くに来て、頭すれすれに飛んで騒ぎ、「もっと近くに来て啼け」というと、闇の奥に戻って行くという。「クレッ・クス・クエㇰ」とは「俺は啼くために来た」という意味だということである。

北見美幌や釧路雪裡《せっつり》ではアフン・ラサンペ（あの世に棲む化物）というとあるが、知里辞典によればアフン・ラサンペは近文や幌別ではアオバズクやコミミズクのことで、ヨタカではないことになっている。しかしヨタカが頭に止まって毛を三本抜くと、その人は永生きしないといわれ、これが飛んでいるのを見ると外には出なかった（美幌）という。釧路の屈斜路でも同じことをいうが、こっちではアフン・ラサンペとはいわず、オラウンクル・カムイとかエロクロクといっている。

知里辞典に和名不明のケナシコㇽウナㇽペ（木原を所有する小母）という鳥について、

みみずく（ahunrasampe）のような鳥だという。この鳥は野山に枯枝の小山をこしらえておく。もし、人間が間違ってこの枯枝を拾って来て、焚けば、小屋の近くへ来て夜っぴて恐ろしい声を挙げて談判（čaranke）するという。

と解説されている。しかしオラウンクル・カムイの行動と似ているので、疑問が残る。

トラツグミ

昔の人が鵺《ぬえ》と呼んでおそれた鳥と知らなくとも、闇夜の奥からこの鳥が「ヒー　ヒョー」と呼びかけてくる声を聞くと、何か冥府からでも聞こえてくるように思いたくなる。このトラツグミの声を、コタンの人は肛門で呼吸するからあんな音がでるのだといって、屈斜路湖畔ではシブイマウクシ（肛門を風が通る）という名で呼んでいる。この鳥が啼くときに尾羽を上下させるところから生まれた発想であるかもしれない。

同じ釧路管内でも雪裡《せっつり》の人々はシブイ・レッ（肛門をならす、肛門が呼ぶ）と呼び、この鳥の啼き真似をするとその人に憑いて早死をするといって、やはり不気味な鳥としている。ヨタカと同じように、夜に啼いて来たとき、「遠くに行って啼け」というといよいよ近くに寄ってくる。逆に「近くに来て啼け」というと遠くの方へ行ってしまうという臍まがりの鳥であるということになっている。

また天塩川筋や石狩川筋ではマウシロ・チリ（呼気をはく鳥の意で口笛鳥ということ）といって、この鳥はクマの居所を知らせるエゾフクロウが忙しいとき、代理としてクマの行動を知らせてくれるものであるともいわれている。しかしエゾフクロウのように祀られるということはなく、エゾフクロウに酒をあげるときに「マウシロチリにも分けてやって下さい」といわれる程度である。また天塩川筋では、この鳥が知らせにくるクマは、あまり性質がよくないともいわれている。

クロツグミ

北見美幌の菊地儀之助翁によると「ムクドリより少し大きく、頭が少し赤くて体が白っぽい」イタカチャ（おしゃべり小父さん）という鳥がいて、これが「パ・ピルカ（今年よい）」と啼くと豊漁であり、「パ・ピー」と啼いたら不漁年、「ニショリ・ピー」と啼くと天気がくずれ、「ニショリ・ピルカ」と啼いたら天気がよくなるという。

「おしゃべり小父さん」などというところは、いかにもクロツグミであるようだが、釧路地方にはクロツグミが来ないので、この地方にもクロツグミがいるかどうか疑問である。啼声からするとアカハラのようにも思われるが、「頭が少し赤くて体が白っぽい」というのにはあてはまらない。イタカチャとはムクドリのことだという説もあるが、菊地翁ははっきりと「ムクドリよりは少し大きく……」と区別しているので、このおしゃべり小父さんの実体は今のところ、決定しないでおいたほうがよいように思われる。

エゾセンニュウ

啼声が「トッピン　カケタカ」ときこえるので、ホトトギスの仲間と思われたりするが、実はウグイスの仲間である。これが川岸の灌木の茂みで啼きだすと、間もなくマスやチョウザメが川に入るぞと釧路川筋のコタンでは目をかがやかせた。

釧路川筋でも天塩川筋でもトッピ（啼声）と呼ぶが、釧路の春採《はるとり》ではトッピッあるいはトッピッ・チリ（トッピッと啼く鳥）と呼ぶ。

ミヤマカケス

私がこの鳥に特別な興味をもったのは、屈斜路コタンの古老からつぎのような話をきかされたからである。

この鳥は雄弁な神様である。昔人間が不敬なことをして魚を支配する神様の逆鱗にふれ、一尾の魚もコタンの川に姿を見せなくなった。どの神に頼んでも魚持神の怒りが解けず、人々はこまり果てていたが、そのときこの神が出かけて行って、人間のお産をするときの苦しい仕草をやり、得意の雄弁をもって、にがりきっていた魚持神の心をやわらげてくれた。それで再び、地上の川という川には盛りあがるほど魚群が遡河して、人間界の危急が救われた。

この話をきき、さらに北見の美幌地方では、クマの行動を知らせてくれるエゾフクロウと同じように、盛大なカケス送りの行事をするということをきかされて、私はいいようのない混乱にまぎれ込んでしまった。

雄弁な神であるということは、この鳥がよく他の鳥の啼き真似をしたり、時にはウグイスやネコの声を真似たりすることもあるからで、ある程度われわれにも理解することができる。しかし、だから口下手な人間は「どうか私を雄弁にして下さい」といって、この神様に血の出るほど舌を啄いてもらうと、上手に喋れるようになるなどということは、容易に納得できないばかりでなく、こんな鳥のために祭をするということは、さらに疑問を深くするばかりであった。

ミヤマカケスは一般にエヤミ（静内、三石、名寄、千歳、虻田、宗谷、本別、美幌）と呼んでいるが、パルケウ（パロンクルで口達者とか雄弁家の意）ともいい、鵡川、釧路、美幌、雪裡等これを飼って送るところではエヤミ・カムイとかエヤミ・トノ（カケス殿）、パルケウ・トノ（口達者な殿）、パルケウ・チカプ・カムイ（口達者な鳥神）ともいう。とくに山奥にいる白変したものを、日高の静内、様似、三石などではメトット・エヤミ（山奥のカケス）とか、ヌプリオルン・パルケウ（山にいる雄弁家）などと呼んだりする。天塩川筋や釧路地方では、山にいるのはエヤミで、里にくるのはパルケウであると区別するところもある。また十勝地方や宗谷、石狩川筋、胆振、日高の一部などではこれを送るということはしないというところもある。ある地方ではこの鳥が生活上に重要な存在であり、ある地方では生活とあまりかかわりあいがなかったからであろう。

　カケス送りをする北見美幌では、この鳥を捕えると鳥籠に入れて家の中で飼った。鳥籠はシラカバの皮を底にし、四本のヤチダモの若木をまげて外囲をつくり、それを芯にしてオヒョウ皮で編んだものである。祀るときには前の晩から女たちが集まって踊り、一メートルほどの削りかけのついた小鳥の踊る木《ポンチカプ・テレケニ》という棒に止まらせる。二人の男がそれを持って踏舞《タプカラ》をしながら祭壇に行って、止まらせた木とテクヌンペニ（手で押える木）という棒の間で圧殺した。これをポンチカプ・ホプニレ（小鳥の出発）といっている。

　ここの老人たちはこの神は色々な言葉（啼声）で、人間に注意をしてくれるものだといい、春にカケスが、

　ヤーカラ（網つくれ）
　ヤーカラ（網つくれ）

という声で啼いたら豊漁であるという。また山に狩りに行ったとき、

　エタコシピ（帰れ）
　エタコシピ（帰れ）

と啼いているときには、その沢に悪いものがいるから入ってはいけないという。もし獲物がいるときには、

　ヤイクシテ（急げ）

ヤイクシテ（急げ）

といって啼くものだといっている。

また日高三石にも、「女たちが林にウバユリを掘りに行ったら、悪いクマがそれを狙って近寄ってきたが、カケスが知らせてくれたので難をのがれることができた」といういい伝えがある。さらに釧路阿寒では、「オタスツの酋長がクマもシカもサケもとれず、食糧にこまって、ある日奥さんのお乳を飲んで山に出かけて行った。するとカケスが木の枝から、

オンネクル　カーペ（親方乳飲んだべ）

オンネクル　カーペ（親方乳飲んだべ）

とひやかしたので、怒って追って行ったが、カケスは先に行っては「オンネクル　カーペ」を繰り返す。どこまでも追って行くと大きなクマを発見して獲ることができた。その夜、夢の中に立派な男が現われて、わざと歌棄人を怒らせてクマのところへ導いたことを知らせたので、それからカケスのことをパルケウトノといって祈願するようになった」という。また日高地方の川下人昔話《パナンペ・ウエペケル》の中には、「川下人がトドのシラミをとってやるといって騙し、首肉を切って逃げると、カケスが〝狭い谷に逃げろ〟というので、その通りにして助かった。ところがその真似をした川上人はカケスのいう通りせず、広い谷に逃げたのでトドにつかまってしまい、殺された」という話もある。これらはいずれもカケスの啼声によって危険を免れたり、幸福を得たという話である。

金田一京助博士の『ユーカラ』（岩波文庫）の中に「〝イヌサ　イヌサ〟という繰返しのある「漁猟

の幸の女神の説話」というのがある。その大要はつぎのようなものである。

漁猟の幸の女神が家の窓側で針仕事をしていると、なみなみと酒を満たした大きな盃が届けられ、「大神よ、私はアイヌラックル（人間の文化神）であるが、今人間界は飢饉に見舞われて死なんばかりなので、僅か残った穀物をもって酒をかもしてお願いするのです。何とか人間界にシカや魚をおろすよう取り計って下さい。」ということであった。そこで漁猟の幸の女神は盃を受けとって六つの酒樽に酒を造り、衣装を整えて呪術用の太鼓を取出し、神々を招待する歌をうたい、四方の神を招き、酒宴をひらいて神々をもてなした。そしてシカ持ちの神や魚持ちの神に近より、その肩をほとほと叩きながら、「どうか人間にシカをおろしてやって下さい」「魚をおろしてやって下さい」と頼んだ。するとそれまで機嫌よくうたいおどっていたシカ持神が、急にムッとなって怒りだし、「これまで人間のために随分沢山のシカをおろしてやったのに、人間共はあまりの豊かさになれてシカを粗末にしたり、笑いものにしてシカを悲しませた。だからもう人間共にはシカはやらない」といった。魚持神も「人間共が折角の魚を粗末にするから、人間がどんなに困ろうと金輪際やらない」といった。そこで漁猟の女神は「そうはいわれるが、神というものは人間を援けてこそこのように酒も送られ、神として尊ばれるのです。人間を困らせ滅亡させては、誰がわれわれを大事にし酒を送ってくれましょうか。さあそんなことをいわず、シカをおろしてやって下さい、魚をおろしてやって下さい」とやさしく説き伏せた。それで両方の神も納得して、シカの入った袋を山の上に、魚の入った袋を海の上にあけたので、再び人間の住む地上にはシ

上／ミヤマカケス（永田洋平氏撮影）

右／カケスを祀った木幣

カと魚が満ちあふれた。〈これより人間だち、酒を造れば、絶えせず我を祭れり。我それを以て、神々を、招宴すれば、いよ〳〵諸神の間に、我尊まれて在るものなり。と幸の女神の自ら歌へる歌。〉（〈 〉内金田一京助訳）

この神謡の主人公の女神は雄弁家《パロンクル》のカケスである。しかしカケスが雄弁であるということは、実際にはどういうことなのであろうか、これは永い間の私の消えない疑問であった。ある年私はアイヌの生活文化を復原する記録映画をつくるため、日高や釧路山中で古老たちと生活を共にした。山狩りのシーンをとっていたとき、高い見晴し台のようなところに立っていると、しきりに古老があたりを見廻して何かを探しているようであった。何を探しているのかと尋ねると、「どこかでカケスが騒いでないかと思って」という答えだった。「カケスが騒いでいたらどうなの」ときくと、「カケスが集まってギャーギャー騒いでいたら、その下にシカの群がいるのよ」と古老はこともなげにいった。

大陸のゴルチ族はカササギを猟人の密偵といって、これが騒いでいる下にはトラがいるということを『ウスリー探検記』という本で読んだことがあるが、北海道の自然の中の密偵はカケスなのである。昔の生活ではサケとシカは中心食糧であったから、それが姿を見せないときは大飢饉であり、それを発見して人間に食糧の所在を教えてくれるのは、密偵というよりも神と表現する方が正しい。そして山の木の枝でカケスがギャーギャーと騒ぐということは、漁猟の幸の女神が巫術の鉢巻をし太鼓を叩いて、人々や神々を招待する歌をうたっているところなのである。

この場合なぜシカの群の上でカケスが騒ぐのであるか、エゾフクロウがクマの所在を知らせるのと同じようにわかっていない。おそらく神だから人間に食糧のあるところを知らせるのだというより説明がつかないだろうが、永い間の経験から、カケスの騒いでいる下には必ずシカの群がいることが、神謡として語りつがれ信仰として定着し、カケス送りの神事にまでなったものであろう。理由もなく神が創作されたり、迷信から祭をするなどということは絶対にありえない。昔の人は事実以外、荒唐無稽の創作をたのしむほど呑気ではなかった。したがって神謡や昔話に語り伝えられる口承文学のすべては、高踏的な遊びではなくて、重要な生活教本であったといえるようである。

この狩りの女神は家の中で飼われていながら、スズメと同じく、時々子供たちの遊び友だちにもなってくれた。屈斜路湖畔では木の枝に止まるように小さな枝を握らせ、頭の羽毛をつかんでぶらさげ、

ユポ　タプカラ　キ（兄貴踊りおどれ）

サポ　ニセー　キ（姉さんお酌たのむ）

とうたう。するとカケスは枝を握ったまま翼をひろげ、パサパサ　パサパサと羽搏きながらクルクルとまわる。それを「サケ　ノエ、サケ　ノエ（酔った　酔った）」といって床の上に静かに寝かせておき、突然「サカヨ　アンナ（喧嘩だ！）」といって、トンと床を叩く。するとカケスはびっくりして飛びあがり、暗い冬の生活を強いられている子供たちにパッと光を当てる。この遊びも日高静内では、

お前の村の踊り　おどれ　おどれ

おやじの踊り　おどれ　おどれ

おっかの踊り　おどれ　おどれ

兄貴の踊り　おどれ　おどれ
姉の踊り　おどれ　おどれ
爺さまの踊り　おどれ　おどれ
稗酒　のめ　のめ
粟酒　のめ　のめ
婆の酒　のめ　のめ

とうたう。しかし盛大なカケス送りをした北見美幌では、そんな遊びをしたら家から追い出されるほど叱られたという。

石狩川筋近文にはカケスをうらやむ叙情歌があった。

私が焚木をとりに山に行ったら
きれいな沢のほとりで
しなしなする木の枝で
二羽のカケスが飛び交していた
鳥であったら　私も
恋しい人と一緒にあのように
遊ぶものをと考えながら
重い荷物を背負って

帰った。

これとほとんど同じものを穂別コタンでもきいたことがある。

エゾヤマドリ

エゾライチョウと呼ぶのが正しいが、普通はただヤマドリと呼んでいる。しかし本州のキジ科のヤマドリとちがい、エゾライチョウ科の鳥である。

この鳥が飛び立つときは、猟人をすらおどろかせる強い羽音をさせるので、全道的にフミ・ルイ（音が強い）と呼ばれ、この鳥の尾羽は決して矢羽に用いないところがある。この鳥に飛び立たれると山の神のクマでさえびっくりして、鼻を尖らせて立ちあがるから、矢羽に使うと神様をびっくりさせることになるという心遣いからである。

釧路雪裡《せつり》にはつぎのような昔話がある。

英雄の小歌棄人が山に狩りに行ったが、どこまで行っても獣（神）の足跡が見当たらず、二日も三日も食べるものもなく歩きつづけた。そして今にも斃れそうになったとき、ふと見ると小さな小屋があってポヤポヤと煙があがっていた。家に入ってみると老爺《チャチャ》と老婆《パッコ》が鍋でシカの脂肉を煮ていた。小歌棄人を見た老婆がその脂肉を盆にのせて、老爺に「これでいいか」ときくと、老爺は「駄目　駄目　駄目！」とかぶりをふった。そこで老婆は脂のないところをのせて「これでどうだ」ときいたが、今度もまた「だーめ　だめ　だめ」といった。最後に老婆が肉も脂肪もつかない骨ばかりを盛ると、老爺ははじめて満足そうに「よーし　よし　よし」といったので、老婆はそれを小歌棄人の前にさし出した。死ぬほど腹をたてた小歌棄人は、「碌でなしの糞爺奴！」というと炉鉤にかけてあった鍋をとって、焚火の中に投げ込んだ。すると老爺と老婆がバタバタ、バタバタと大きな音をたてて飛びあがったので、見ると二羽のエゾヤマドリであった。そして今までいた家も焚火も鍋も皆消えてしまって、自分は小さな蔓のからまり合った下に坐っているのだった。そこへ獲物をさずけるエゾフクロウが啼きながら飛んできて、「このヤマドリは私の使いのものだが、根性の悪い奴だからお前さんに迷惑をかけた。こいつには私から罰を与えるから勘弁してくれ。そのかわり私の啼いて行く方へ、山を歩いていってごらん」といった。そういわれて気がつくとあたりは暗くなっている。小歌棄人は夢を見ていたのだった。するとエゾフクロウが、夢の中でいった通り山の方へ啼いて行くので、その跡をついて行くと大きなクマの穴があって、内から大声を出して猟区を支配する親方のクマがでてきた。矢を射かけると、クマの神はその矢を背負い（矢に当たり）、一跳ね二跳ねして、神の坐る座の上にどっかりと坐った（矢毒に当たって斃れた）。

こうしてクマの神は私の部落《コタン》にお客としてやってきてくれたんだよ、昔はそういうことがあったものだ、とある人が物語った。

これによるとエゾヤマドリはけちん坊で、人間が生活に困っているときでもあまり役にたたない存在であるようだが、クマの所在を知らせるエゾフクロウの使いのものであるということは、この鳥の啼声も、いくらかクマの所在と関係があるのかもしれない。

ショウドウツバメ

土や砂の崖に小洞をあけて、敵の近寄れない安全地帯に産卵して雛鳥を育てる利口者である。それで屈斜路湖畔や釧路春採ではスィオルン（穴の中にいる）という名で呼ばれている。北見美幌や近文では、意味ははっきりしないがトペㇺピラと呼び、知里辞典によれば樺太《サハリン》タラントマリではトイトムンチカㇵ（土中の鳥）と呼ぶそうである。やはり昔の生活とはあまりかかわりあいがなかったようである。

アマツバメ

「雨燕の舞」という歌舞が各地にある。しかしその多くはアマツバメではなくてシギの間違いであるようだ。日高三石のチカㇷ゚・ネ（鳥真似）という歌舞は、

ホイヤー　ホイ　ヤア
ホイヤー　ホイ　ヤ　ヘシ

ハオー　ハオー　ヘシ

という掛声だけを坐っている者が合唱し、踊る人は立って向かい合い、それぞれ自分の袖口を押えて、身体をゆるく左から後ろにそらしながら、優美な線を描いてまわる。身体を充分にそらして足元のふらつかないのが、皆の喝采を受けるのである。これをルヤンペ・チカプ（雨鳥）の踊りであるといっているのだが、静内町農屋でルヤンペ・チカプの踊りであるといっているのは、

チャク　ピーヤク

ピーヤク　ピーヤク

チャク　ピーヤク

で、これは三石のものと踊り方もちがい、他の地方では鴫《チピヤク》の踊りといったものと同じものである。

以上のように三石、静内の他に天塩川筋の名寄、旭川の近文等でもルヤンペ・チカプ（雨鳥）といい、千歳では同じ雨鳥という意味のアプト・チカプと呼んでいるがあとは特別なこともない。

シジュウカラ

日高新冠の奥で明治二十一年生まれの古老が語ってくれた、「ハン　チキキ」という繰返しではじまる神謡は、「スズメの酒盛」と全く同じ「どこからかアワの穂を一つ盗んで来て、六つの樽に酒を仕込んだ……」にはじまるものであるが、ここでは主人公はスズメではなくてイチァキキッポという

シジュウカラであるとして語られ、喧嘩をしたのはカラスとカケスで、シギとキツツキに仲裁をたのんで断わられ、帰ってみるとカラスがカケスに殺され、その羽根を矢羽に使って国の上と下を射たので、それがクサソテツになったと伝えている。繰返しの「ハン　チキキ」という音は、スズメよりもシジュウカラの啼声に似ているように思われる。

天塩川筋の名寄や日高の浦河ではパケ・クンネ（頭が黒い）と呼ぶが、釧路春採では逆にクンネ・パケ（黒い頭）といい、パケクンネというとヤマガラのことだといわれた。北見美幌ではポン・パケ・クンネ（小さい頭黒）、屈斜路湖畔では腹が白いのでポン・モットイ・コル（小さな下着持ち）といい、日高静内や千歳ではエ・チキキプ（そこでチキキと啼く鳥）と呼んでいる。

シロハラゴジュウカラ

近年はもっぱら馬糞をつつきまわして、不消化のエンバクなどをあさっているが、昔はシカの糞でもつつきまわしたのであろうか、シ・エ・チカプ（糞を食う鳥）と呼ばれている。日高新冠ではオ・シ・ウシ（尻に糞をつけている）と呼んでいるが、これは肛門の付近の羽毛が褐色をしているので、糞でもついたように見えるからであろう。これはなかなか美しい色なのであるが、北海道では俗にケツクサレなどと侮辱した名で呼んでいる。

どういう理由であるかききもらしたが、十勝芽室太《めむろぶと》では昔はこれを送ったものだといい、千島色丹島でも立派な陣羽織を着せて送ったという。釧路から色丹島に行った者が「お前の方ではこの鳥を何というか」ときかれたので、正直にシエチカㇷ゚というのだと答えたらひどくおこられ、酒を買って謝罪したという話がある。

一方では何か昔の生活に重要な関係があって、神として敬い尊ばれ、感謝して神の国へ送り帰されたのであり、一方ではただの糞食鳥であったのである。

ミソサザイ

小石でも投げたように川原の雑木林の間を縫って飛んだり、川淵の崖下に隠れたと思うと現われておしゃべりをはじめたり、落着きなく動きまわるミソサザイには、つぎのような昔話が伝えられている。「昔、クマが人間を襲って仕様がないので、この小さい神様が談判《チャランケ》に出かけ、〝お前は威張っているが私の方が偉いんだぞ〟といった。ところがクマがいうことをきかないので、ミソサザイの神はクマが昼寝をしているときに耳の中に入って、やかましく談判《チャランケ》した。それでとうとうさすがのクマもあやまった。」この他愛のないような話は日高浦河の荻伏コタンと、屈斜路湖畔できくことができた。

この鳥の名はその啼声から八雲、空知、名寄、荻伏、様似、伏古、美幌などではチャクチャク・カムイ（チャクチャクと啼く神）と呼ぶところが多い。チャクチャク（日高沙流川筋）、チャクチャク・ポンチカㇷ゚（チャクチャクと啼く小鳥。虻田）、また八雲ではトシッ・チャクチャク（川岸の下のチャクチャク）などとも呼ぶが、北東部の釧路、屈斜路、近文、名寄ではトシリポクン（川岸の崖下にいる）とか、トシリポクン・カムイと呼んでいる。なお八雲では「これは山の獲物をあずかっているカムイ・ウナルペ（神叔母）の使いで、これが狩小屋に飛び込むと、絶対に大猟するものだから、そんなときは〝どうか案内してくれ〟といってたのみ、飛んで行った方に行くとよい、しかし川のよどみに飛び込んだらだめだ」という。また石狩川筋の空知では「これが狩小屋に入ったり、家に止まったりすると必ず獲物がある。もし狩りの途中で飛べないでいるのに出会ったら、それは人間にとられたくているのだから、摑んでその生の胆を呑み、頭は削りかけに包んで守神にすると、狩りの神になるが、鉄砲や弓で射てはいけない」といっている。

昭和三十年十月、私は信仰深い老人に、知床の山中のクマ狩りに連れて行ってもらったことがある。クズの蔓のひどくからまり合った、ネマガリダケの密生している急斜面で休んでいると、そこにミソサザイがやかましく鳴きたてて飛び込んで来た。すると老猟人は「あっ、神様が早く来いと呼んでいる」といって、ミソサザイの飛んだ方向に急いだ。そしてその山の尾根に達したとき、たった今落葉を蹴散らして走り去ったクマの足跡にぶつかった。

これをどう解すべきであろうか。にわかにその真偽の解明を急ぐよりも、昔からこの人たちに敬虔な信仰をもたらした根源を思い返すべきではないだろうか。信仰とは永い間の経験に強く根を張ったところから芽生えたもののように思われてならない。

伝説の巨鳥

太平洋岸の八雲、国縫、沙流《さる》川筋、染退川《しぶちゃり》（現在の静内川）筋、十勝川筋、オホーツク海岸の網走川筋に、フリー、あるいはヒウリと呼ぶ、片翼が七里もあるという巨鳥が棲んでいたという伝説がある。これが飛んでくると翼の影で太陽の光が遮られ、あたりが暗くなって女や子供が攫われるという。

沙流川に伝えられている伝説はつぎのようなものである。

昔沙流の山奥に、片翼の長さが七里もあるフリーという巨鳥が棲んでいた。この巨鳥は時々人里に現われて人間を攫って行ったり、野獣を襲ったり漁場を荒らしたりするので、二人の若者が選ばれてこの鳥を退治することになった。二人はシカの生皮四十枚を用意し、槍を持って山に分け入り、一人がシカの皮を一まとめに縛って、それを山の上から下にころがりおとした。フリーはそれを見て大ジカだと思い、舞いおりてきて爪をたてたが、重くて飛びたつことができない。二人の若者はそこへ槍を持って突きかかり、散々に闘ったがフリーが負けて、宝物を出すから許してくれとたのんだ。しかし勝ちほこった若者たちは許さずに殺してしまった。死んで天に上ったフリーは若者たちを恨み、沙流川筋の村に仇をしたので、沙流の人々はそのために散々悩まされたという。

北見美幌にはフリシュイ（フリーの穴）という地名があり、そこにフリーが棲んでいるといわれていた。あるとき、そこを子供を背負って通った女が、フリー（ヒウリ）に襲われ攫われていった。妻と子供を攫われた夫はフリーを退治するために五人の友人と、人をも食うというイペタムという妖刀を持って穴に入った。穴は途中で二つに分かれていたので、男たちも二組に分かれて進んで行った。ところが三人は無事に別な岩穴から出てきたが、イペタムを持った組はそれきり戻ってこなくなり、フリーもそれからは現われなくなったという。

日本海岸にも地名伝説としてフリーが物語られている。現在の積丹半島の神恵内村の神恵内川には、昔フレナイ（赤い川）といったという説と、フリーナイ（フリーの川）といったという説があるが、後者の説によれば昔この川の上流の洞窟にフリーがいて、風が吹くと洞窟を出て風に乗って飛びまわるので、翼が雨雲のように日光を遮ったという。

また石狩川の支流の雨竜川の名もフリーがいたから名付けられたという伝説がある。この伝説によれば、フリーが羽搏くと風が起きるといわれ、部落に来ては女や子供を攫うのを、強力だが頭の働きの少しにぶい男が、枯木に着物と頭巾をきせてフリーをおびきよせ、それに襲いかかったところを刀で脚をなぎはらったので、ここを去って胆振の鵡川の方へ移ったという。

この女や子供や野獣を襲い、人々の上に雨雲のような不安の影をおとす巨鳥とは何であるか、今日まだはっきりした正体をつかむことはできない。ただ、明治末年に釧路原野を馬車で通行していた馬車追いが、突然ハゲワシに襲われたとき、馬車にさしてあった棍棒を抜き、格闘して打ち殺したものが釧路市の湖陵高校の理科室に剝製になって所蔵されている。ハゲワシが北海道に姿を現わしたというのはこの一例しか知られていないが、昔は時々姿を現わして、人々に片翼七里もあると思わせるほどの恐怖を与えたのではなかったろうか。しかしこの釧路にあるハゲワシの翼は、実際には両方にひろげても一・五メートルていどのものである。

また近年根室原野のある猟師がワシに襲われ、つくったばかりの上衣の背中を掴まれて吊るし上げられたが、幸い上衣が脱げたのでワシは上衣だけをもって天空に舞上ったという。恐怖のあまりそれがオオワシかハゲワシかはっきりしなかったというが、まるで空から牛小屋がかぶさってきたように感じたという。

クジャク

クジャクが北海道にいるはずがない。しかしケソラプ（斑点の多い翼）という鳥が神話や伝説の中に出て来て、それはクジャクであるといわれている。

室蘭市にケソラプ・モイという地名がある。それをアイヌ語地名研究の開拓者永田方正は『北海道蝦夷語地名解』の中で「鷲湾」と訳し、「江鞆及室蘭土人ハ鷲ヲ『ケショラプ』ト云フ虻田土人ハ『ケショラプ』ヲ孔雀ナリトシ昔孔雀アリシト云フハ信ジガタシ」と脚註しているが、室蘭に関係の深い知里博士は辞典の中で「私の調査ではエドモやムロランでも kesorap は伝説中の鳥（たぶん孔雀）で、鷲は kapáčir である。」といいきり、「内地渡来の金蒔絵などから容易にそれを想像することができたのである。」とも説いている。

なお旭川近文《ちかぶみ》もアイヌ語ではチカプウニ（鳥のいるところ）で、ここにいた鳥はクジャクだといわれている。永田地名解では「鳥居ル処。此山ノ川ニ臨ミタル処ノ山面ニ大岩アリ鷹常ニ来テ此岩上ニ止ル故ニ名ク」とあって、タカ説をとっているが、このタカの止まるというチカプウン・チノミシリ（鳥のいる礼拝所）に止まる鳥は、ここの古老たちによればクジャクでもタカでもなく、コタンの守護神であるシマフクロウであるといっている。シマフクロウなら胸に斑点があるが、かつてこれをケソラプと呼んだのを聞かない。

水鳥篇

中扉の写真はタンチョウヅル（永田洋平氏撮影）

水辺の鳥たち

野や山で生活している野鳥たちが、狩りをする人々に獲物の行動を窃かに知らせてくれたり、霧に迷っている人々を人里の方に導いてくれるように、海上や水辺にのどかに啼き交している水禽たちも、ここで漁撈に明けくれる人々に、魚族の回遊を教えたり、海獣の昼寝の場所を遙かなところから知らせる歌をうたってくれるので、それらの水禽たちを神《カムイ》と呼んでいる。ただ訳もなく神などと呼ぶことはない。

近代科学ではまだあまり解明されていないようであるが、バロメーターも天気予報もなかったコタンの人々は、ハクチョウの移動やホオジロガモの啼声で天候の変化の近いことを知り、身近にせまってくる悪天候の危険から身を守ることを知っていた。海上で霧に巻かれたときには鷗神《カピウカムイ》に祈り、その導きのままに行くと、コタンの浜辺が待っていた。また大川端に巣をつくる鳥が、高い位置に巣をつくる年は洪水があり、低い年は風の強い年であるといい、カモメが川上に巣をつくったので津波の襲来を知り、難をのがれたという伝説がある。

水禽たちの群れているところは、魚族が豊かなところであるので、そうしたところに昔は水禽の集まる沼（チカプント）などという地名がつけられた。道南渡島の知内《しりうち》はチリ・オッで水鳥の群れるところ、室蘭のチリベツはチリ・ペッで鳥川、釧路浜中の散布《ちりつぷ》は水鳥の沼の意、十勝の白人《ちろつと》はチリ・オッ・トで水鳥の群れる沼の意である。日高えりも町の誓内も、十勝池田町の近牛、北見枝幸のチカオッエンルムなども、みんな神である水鳥と、日々の生活との間のかかわりあいからつけられた地名である。

タンチョウヅル

釧路地方に鶴の舞《サロルン・リムセ》という優美な踊りがある。

フン　トリ
フン　チカプ
ハア　ホー
ハア　ホー
ホイ　ホー

という歌につれて、二羽のツルが翼をひろげたように着物の裾をかかげて踊る。これはツルの恋の乱舞とも、飽食したときの喜びの舞ともいわれているが、この踊りは釧路地方では女性だけの踊りであり、これを踊っている間、男性は畏まり慎んでいなければならない。元来女性が着物の裾をまくるということは、悪魔祓いのオパラパラ（尻をバサバサさせる）以外にないことであるが、ツルとクマとは非常に仲が悪く、ツルがクマに立ち向かうときには両翼をひろげて、人間のオパラパラのような姿をするので（女がクマに襲われそうになると、着物の前をまくってオパラパラをする）、その真似を踊りにしたのではないかという見解をとる人もある。

これと同じ歌詞をうたい、たんに鳥の舞《チカプウポポ》といって、着物の裾をまくらず腕をひろげて鳥のように羽搏き、二羽の親鳥が雛を育てて空へ飛びたって行く舞もある。しかし着物の裾をまくることについては、古い風俗絵巻にも「チカポポ（チカプウポポ）」といって、女が着物の裾をもって踊っているものがあるので、昔から踊られていたもののようである。

　この鳥がクマと仲が悪いというのはなぜか明らかではないが、さきにもふれたように、もし性の悪いクマに出逢ったときには、この鳥の神の名を呼んで、ツルがクマに襲いかかるときのように、着物の裾をまくって向かって行けばクマはびっくりして逃げるものだという。十勝の帯広にクマとツルの争いの曲を、柴笛《ムックリ》で吹きならす老婆があった。これほど仲が悪いのでクマに関係した祭のときは、決してこのツルの舞を舞ってはいけないとされていた。

　釧路に伝わる伝承によると、ツルは元々釧路市の近くの遠矢《とおや》というところに砦を持つ、釧路アイヌの始祖キラウコロエカシ（角を持った古老）の飼鳥であった。ところがこの古老の孫のカネキラウコロエカシ（金の角を持った古老）の時代に、千島から南下して来たクルンセという部族の攻撃にあった。北見十勝からも援軍が参加したが、味方の裏切りがあって、主力が砦をはなれて防戦している間に、手薄の砦を攻められて落城してしまった。そのため夕方になって、草原に遊んでいたツルが帰ってくると、砦を占領していたクルンセ軍のために射落とされたり、手摑みにされて殺されてしまった。この戦いは三年もつづいたため、残ったツルも砦に帰ることを忘れ、次第に近よらなくなり、野性に戻ってしまったという。

　また北見美幌の伝承では、天上の神が文化神のサマイクルとポノオキキリムイに、使いとしてオオ

タンチョウヅルの舞い（永田洋平氏撮影）

カミと一緒にあずけたが、ポノオキキリムイが大事にしないので野鳥に戻ったのであるといわれている。

タンチョウヅルは明治中期まで石狩平野にも姿を見せていた。探検家松浦武四郎の『後方羊蹄日誌』には、安政の昔札幌附近で、初雪の頃、ツルをとる弾輪《はじきわ》でシラサギをとったという記事がある。北海道の湿原地帯に広く分布していたもので、千歳という地名もシコツ（死骨）というもともとの地名を嫌い、この附近にツルが多かったところから、「鶴は千年」の諺にあやかって名付けたものだという。

この鳥には人間が危急の場におかれたとき、危難から救ってくれたとか、ツルがあやまって猟人に傷をおわせたとき、傷によく効く薬をさずけてくれたなどといういい伝えがある。また人間の子供が孤児になったとき、人間の姿になり、ウバユリなど掘って来て子供を育てたという話もある。阿寒ではそれがつぎのように伝承されている。

英雄歌棄人《オタスツウンクル》の両親が野盗の群に攻められてあぶなくなったとき、両親は歌棄人を大きな鍋の中に入れて祭壇の傍におき、「どの神様でもよいから、この子供を育ててほしい」とたのんで乱戦の中に討死してしまった。ところが祭壇の神様たちはお互いに顔を見合わせるばかりで、人間の子供はウンコやシッコで祭壇を汚すからといって、誰も育てようとはしなかった。そのときツルが自分からすすんで人間の姿になり、歌棄人を育てた、それで歌棄人のことを湿原の神（タンチョウヅル）に可愛がられた歌棄人というのだ。

タンチョウヅルはサロルン・カムイ（湿原にいる神）とか、サロルン・チリ（湿原にいる鳥）、あるいはただサロルンとだけ呼び、人間との間に色々とかかわり合いがあるにもかかわらず、いわゆる「ツル送り」ということは行なわれなかったようである。釧路の雪裡《せっつり》では「昔はとったこともあるが、送り方を知らなかったのでそのまま捨てたところ、多くの人死が出た。そのためにとってはいけないといわれるようになったが、日高の方では送ったということだ」といっていた。しかし日高を調べてみたが静内でも平取地方でも、とることも送ることもなかったという。

ただ十勝の一部（池田町）では、「昔は仔鶴を育てて、白と黒の木幣をつけて送ったということだ」という話を二ヶ所できくことができた。なぜ送らないかという理由について、「ツルは人間と同じように、死んでしまうと生き返ることができないからである」という、つぎのような神謡が石狩川筋に伝えられている。

私は夫と仲よく暮らし、毎日針仕事をしていた。ところが夫はある日人間の村に出かけて行って、人間のかけた罠にかかり死んでしまった。私がそれを知らずにいると、ある日小鳥が近くに来て、「お前さんは神様だというのに、夫が人間のところに行って死んだのも知らずにいるとは、あきれたものだ」

と悪口をいって知らせてくれた。私は自分は神であるのに、何も知らずにいるとは情けないものだと、よく調べてみるとたしかに夫は死んでいることがわかった。私は息がつまるほど泣いて泣いて、布を切る小刀を懐に入れると、自分もそれで死ぬつもりで夫の死んでいるところへ飛んで行った。私は夫の屍体に身体をすりつけて嘆き悲しみ、気が遠くなったりまた気付いたりしたが、ついに死んでしまったので、罠をかけた人間の夢枕にたって、「ツルというものは死んでしまうと、二度と生き返ることができないものだから、特別のテクシ・イナウ（生き返らせる木幣）をつくって祈ってほしい」といって頼んだ。その人が罠のところに行ってみると私たちが死んでいたので、その人は夢の中で私に頼まれた通りの木幣をつくって送ってくれた。それで私たちはまたもとのツルの姿に戻ることができた。

オオハクチョウ

石狩川筋では秋になって、寒さの張りついたような空にハクチョウの声がきこえてくると、老婆たちが、

神の鳥よ
乾した魚や
開乾しの荷物
下さいよ

といったという。この鳥の行動とサケ漁とは直接関係はないが、ハクチョウが北の方から冬を背負っ

たように渡って来る頃はサケ漁の最盛期で、サケを乾す竿《クマ》には、ドパやチナナといわれる乾ザケが沢山乾しあがるからであろう。この辺ではハクチョウをレタッチリ・カムイ（白い鳥の神）と呼んでいるが、別に特別の祭事のあったことをきかない。

現在最もハクチョウが多く集まる根室の風蓮湖の周辺では、残念ながらこの鳥の話を知っている人がいない。オホーツク海岸や釧路川筋では、ハクチョウの群が移動したり騒いだりすると、二、三日中に大あらしか吹雪になるといって、薪の用意をしたが、実際そんなときは必ず吹雪が襲って来たものである。数年前流氷がまだ接岸している早春のオホーツク海岸を旅したとき、夕方ハクチョウの騒ぐ声がしていたが、その翌日山から海に吹く強い出風《だしかぜ》で流氷が沖に流れ、氷の上を歩いていた三人の旅人が流されて大騒ぎをしたことがあった。

ハクチョウをとるには、白鳥網《レタチリヤ》という二十センチ角ほどの目の荒い網を、三、四メートルの高さから水の中にまで達するように、川幅いっぱいに張っておく。すると水藻などの餌をあさりながら泳ぐくだったり、川筋を飛んで移動するハクチョウは網に首を突込んで動けなくなるので、簡単に捕えることができた。また夜に湖畔で焚火をして、ハクチョウが光に目がくらんで迷って寄ってきたところを、棒で首をなぐってとることもあった。

捕えたハクチョウは、肉はもちろん、脳漿も眼球も、舌や嘴の皮までも煮て食べた。頭は欠木幣《チメシユ・イナウ》で包んで、頭部を尖らせた小さい梶棒幣《シド・イナウ》にさし、川にもって行って、また生まれかわっておいでといって流した。ある部落では湖があるのにハクチョウが来ないのを、昔、痩せたハクチョウを射落とした者が、食べるところがないといってそのまま捨ててしまったのを怒って、来なくなったのだ、だからどんな痩せた鳥でもそのまま捨てずに、皮のどこかに小刀で傷をつけ木幣を供えて送るものだといっていた。自然に対しては敬虔な態度を忘れず、必要以外の無駄な遊戯的な狩猟などは絶対に禁じられていたのである。

釧路白糠に伝承されるある娘の叙情歌《ヤイサマ》につぎのようなものがある。

私の恋人が戦争に連れて行かれたので、私は毎日毎日恋人のことを心配して泣きくらし、何とかして恋人のいる戦場に行ってみたい、もしも私が鳥になれたら、簡単に行けるものだのにと思いくらしていた。ある日眠りから覚めてみると私はハクチョウになっていた。

私が喜び勇んで大空に舞いあがり、戦場を探しもとめて飛んでゆくと、大勢の人がいて、直ぐその中に恋人の姿を見付けることができた。私は恋人の上を飛びまわったが、ハクチョウの姿をしているので恋人は、不思議そうに私をみているばかりであった。私は恋人の肩に止まって、

「私だよ　私だよ」

といって肩を叩いた。すると恋人は、

「何て可愛いハクチョウだろう」

といって私を抱きしめてくれた。私は何とかして人間の姿に戻りたいと思ったが、どんなに願ってもハクチョウの姿のままであった。どうしても自分の思いを恋人に伝えることができないので、私は身もだえしながら恋人の顔を見て涙を流し、

オオハクチョウ（永田洋平氏撮影）

「私なんだよ　私なんだよ、もしも人間の姿に戻って私の気持を伝えられたら、コタンに戻ってあなたの帰りを待っているものを、どうしてももう二度と人間の姿に戻れないので、永久にあなたとはつれそうことができないだろう」

と嘆きながら空高く飛び去っていった。と、ある娘がうたった。

この恋こがれた娘が鳥に変身する物語は、カラスやその他にもあるが、鳥に変身するということは死ぬことをさしているのである。

屈斜路湖の湖畔では、冬になるとツルではなくハクチョウがやってくるので、「フン　トリ、フンチカプ……」という、各地でツルの舞といっている歌舞を、ハクチョウの舞といっている。ハクチョウはクマと仲が悪くないので、ここではクマ送りのときにもこの舞を舞い、「ホロロー　ホロロー」と淋しくも美しく夕暮れの空を渡る、純白の鳥の心を表現したり、あらしの不安に追われて渡るハクチョウの啼声を柴笛《ムックリ》の音にのせて、遠い日の追想にふけったりする。

北海道に来るハクチョウはシベリアの奥の極北で生まれ、極北の地が暗い常闇の季節になると北海道に渡って来る。昔は室蘭港を白鳥澗と呼ぶほどハクチョウの姿が見られ、不凍湖である洞爺湖にもよく来たものであると、虻田の老婆が物語ってくれた。

他ではきかないが屈斜路湖では、生まれて一年の灰色の幼鳥をルサッカ（獣皮を着るの意か）といい、成鳥になり白くなるとシチリ（本当のハクチョウの意か）というが、一般にはレタッ・チリ（白い鳥）と呼ぶ。

湖がないため渡り以外はハクチョウがめったに姿を見せない日高地方では、ハクチョウが来ると「大変だ」といって、乾魚やハナウド、コザゼンなどの山菜やヒエ、アワ、煙草などを集めてお膳に入れ、火の神に供え、それを火にくべ、火の神に頼んで煙の臭いを空飛ぶ神鳥に届けてもらうのである。ハクチョウが来ると病気がはやったり、洪水になるからであるという。

日高静内にハクチョウ神の子孫という者の伝承がある。

昔、静内の奥のノヤというコタンに三人の娘が住んでいたが、ある日疱瘡神が通りかかって、一番末の娘を見染めた。そのため娘は男の子供を生んだが、神様の子供だからこの世に置くのはもったいないといって、染退川《しぶちゃりがわ》（現在の静内川）の川口の沖にある神石《カムイシュマ》の上から、親子三人はハ

クチョウになって飛びたった。そして、

ハンロ　ハイ　ロホワ
ハンロ　イー　ロホワ

とうたって天にのぼり、疱瘡神になった。だから疱瘡神はこの歌をうたうものには危害を加えないのであるという。

昔は春になると疱瘡にかかった和人の漁夫たちが来て、疱瘡を流行させたりした。そのため疱瘡の神はシギのような渡り鳥の姿をして来ると思われていたが、初冬に来て春に帰るハクチョウがなぜ疱瘡神にされたか不明である。

英人ジョン・バチェラーの『アイヌの炉辺物語』という本の中に、大要つぎのような物語が記されている。

日高新冠町のタカイサラというところに、昔大きな部落《コタン》があったが、あるとき他国から攻め込んで来た野盗のためにコタンが全滅して、家という家は焼き払われてしまった。そのとき、一人の男の子が叢に隠れていて助かったが、誰も救ってくれる者もなく、ただ泣くばかり、死を待つばかりであった。するとそこへ一人の女が現われて子供を助け、荒れ果てたコタンから他に移り、家を建てて子供を育てた。その子が成人したとき二人は夫婦になり沢山の子供をもうけて、タカイサラのコタンも復活することができた。子供を助けた女の人は天上に住む雌のハクチョウで、ハクチョウは目的が終わるともとの姿に戻り、沼の中のハクチョウの群の中に戻って行った。このハクチョウが人間であったとき、人間界の苦しみや悲しみに泣いたので、人間も不安な時に踊ったり叫んだりするようになった。それでアイヌの人は踊るときにハクチョウのような声を出すのだと。

樺太《サハリン》ではこの鳥を一番大事にし、踊りの中にも「鳥の真似の踊り」といって、輪になり、手の指を組み合わせ尻を振りながら、ハクチョウの声を出すというものがある。またレタッチリ・ハウ（ハクチョウの声）という、五弦琴の曲もある。さらになまけ者の老人が外に出て背伸びをしていてハクチョウに攫われたが、羽が生えてきて自分もハクチョウになったなどという話もある。

ガン

胆払の幌別ではこの鳥が渡ってくると、子供たちがその列のあとを追いながら、

エムシ　ランケ　（刀おとせ）
タマ　ランケ　（珠おとせ）

とうたった。装身のための宝物である刀や珠は、サケなどの漁獲物との交換によって入手ができたからで、宗谷地方ではガンが弓なりの列をつくって飛んでくるとサケが豊漁であり、列をつくらずにやってくると漁が薄いといってがっかりしたという。ガンが弓なりに列をつくって飛来し、サケがどっさり川に盛りあがるほど満ちあふれ、刀や珠が沢山手に入るようにと、ガンの列に夢を託したのであ

刀おとせ、珠おとせ

ろう。

そんな地方ではガンをたんにクイトㇷ゚と呼びすてにせず、クイトㇷ゚・カムイ（雁神）と呼んだ。日高沙流川筋では、「ハン　トリ、ハン　チカㇷ゚、ハ　ハ　オ、ハ　ハ　オ」という鳥の踊りも、他の地方のようにただチカㇷ゚・ネ（鳥の真似）といわず「ハラルキ」といった。この踊りは、老婆たちだけのときには行器の蓋を叩きながら輪唱《ウコウク》するだけであるが、娘たちがいると歌に合わせて数人の若い娘がはじめ片膝をつき、立てた方の膝に片肘をのせて手を叩き、この歌を二、三度繰り返す。やがて先頭のものが、

ホ　ルルルル

といって立ちあがると、つぎつぎ立ちあがって、互いに自分の袖口を指先で押え、両腕を羽搏くように動かす。これを二、三回やって

皆の動きが揃うと一列に並び、列の両側に二人ずつつきそって、やがて、

ヘシ　コトル

ヘシ　コトル

と合唱する。これをチカプ・シノト（鳥の遊び）ともいうが、ガンの渡る列を表現したものだと地元ではいっている。やはりガンが列をつくって渡って来て、コタンの川が魚に満ちあふれるのを祈念した踊りのようである。

石狩川筋では、この川におりたガンをとったりすると神として酒をあげたという。

一般にクイトプ（千歳、池田、名寄、虹田）というが、屈斜路や美幌ではクイトクといい、釧路ではクイトットときこえる。

マガモ

北海道はもちろん、樺太《サハリン》でも普通コペチャあるいはコペッチャと呼んでいるが、日高浦河辺では啼声を名にしてワクワクなどと呼んでいる。釧路地方ではペトルン・チカプ（ペッ・オル・ウン・チカプで川の中にいる鳥）といって、これをとるとハクチョウをとったときのように、頭に削りかけ《チメシユ・イナウ》をつけ、小さい梶棒幣《シド・イナウ》の先を尖らせたものに刺して川に持って行き、また復活してカモになっておいでといって流した。

北海道では普通一般にアオクビと呼んでいる。雄の頭から首にかけて暗緑色をしているからである。

キングロハジロ

マガモに比較して肉がおいしくないので、北海道ではよしゃれガモ（つまらないカモの意）と呼んでいる。ワシをとる小屋のアンの中にいると、ゲッゲと啼きながら川底の筋子を拾いに来て、簡単に首を摑まれてしまう。他ではあまり大事にされないカモであるが、十勝のどこかでは何かの理由で非常に大事にしている神だという。そのことを知らず、このカモの悪口をいったために強談判《ウコチャランケ》をつけられ、宝物を出してあやまったという話を、屈斜路コタンの古老から聞いたことがある。

アイヌ語でチポロ・コㇽ（筋子を持つの意であるがなぜか不明）という名で呼ばれている。

ウミアイサ

千歳カマカコタンではこの鳥の頭に紫緑色の光沢のある羽冠があるところから、エモトントリ（頭に髻《もとどり》ある）と呼んでいる。これはバチェラー辞典のエモトトリウシチカㇷ゚（頭に髻ある鳥）の略であろう。

胆振虻田や幌別ではシチリと呼んでいるが、この地方の漁夫たちは脚が後の方にあるのでアトアシと呼んでいるそうである。体重は八キロもあり、嘴が鋭く尖っているのでつつかれるとおそろしいといっているが、別に昔話などの中には現われてこない。

カワアイサ

シベリア地方で蕃殖して秋に日本に渡ってくるといわれている。釧路地方でだけコメチリとかゴメチリ、あるいはドトイペなどと呼んでいるが、語原は明らかでない。知里辞典には樺太《サハリン》のタラントマリではセシというとある。

クロガモ

真黒くて鼻の白いカモというとクロガモのようであるが、胆振の虻田では黒いカモをメナシケ（東風を吹かせる）といって、これが啼くと東風が吹くという。釧路白糠では黒いカモをエアウワ（他の地方ではホオジロガモをいう）といって、子供たちは細い棒の先を曲げて水鳥の泳ぐ形をつくり、それを両手に挾んでクルクルとまわしながら、

エ　エ　エ　アウワ、エ　エ　エ　アウワ
ネンパポ　エ　コㇽ　ヤ　（何人子供お前持ってるか）

エ　エ　エ　アウワ、エ　エ　エ　アウワ
レ　ポシカㇰ　ク　コンネ　（三人子供持ってるよ）
エ　エ　エ　アウワ、エ　エ　エ　アウワ
シネポ　ク　エンコレ　（一人私におくれ）

といって遊んだ。これらはいずれも地元で黒いカモであるというのでクロガモかと思うが、これまでの資料や他の例ではエアウワとかアウワ、あるいはメナシフキと呼ぶのはホオジロガモのことである。

しかし日高新冠の万世コタンの老婆がうたってくれた、

エ　ハウオ　ハウオ　ハウオ
アウ　ヘ　ハウオ

とうたうというカモも海にいる黒いカモで、やはりアウイと啼き、流行病があると知らせてくれるという。

ホオジロガモ

さきのクロガモのところで述べた白糠の子供の遊びと同じような歌が、十勝の芽室太《めむろぶと》にもある。

アッホー　エ　アウワ。ネンパ　ポ　コルヤ？　（お前子供何人持ってるの）
アッホー　エ　アウワ。シネポ　エシ　ク　コンネ　（私一人持ってるよ）

アッホー　エ　アウワ。エオル　ポロ　ポ　アンナ（何だそれだけか）

アッホー　エ　アウワ。ネンパ　ポ　エ　コルヤ？（お前子供何人持ってるか）

アッホー　エ　アウワ。ドポ　エシ　ク　コンネ（私二人持ってるよ）

……

これは子供二人が交互に問答し、質問する人数を三人四人とふやし、間違いなく十人まで言い通す、一種の智能をためす遊びである。このエアウワはここではクロガモではなくホオジロガモで、アウワともヤウワともいっている。内浦湾方面ではメナシフキ（東風呼び）といって、これが冬の海でピーピーと啼くと東風《やませ》が吹いて海が荒れ、「エエイ　アウワ」とか「アッホー　エ　アウワ」と啼くと凪ぐという。和人の漁夫たちも東風鴨《やませがも》といっている。

日高新冠でも東風が吹くとこのカモが、

エ　エ　エエン　エエン

エ　エ　エエン　エエン

といって啼くといい、必ずしも一致しないようであるが、何か神であるこの水禽が人間に信号を送っているのだと受け取っていて、伝染病の流行するときも教えてくれるという。しかし何といって教えるか知っている人はいなかった。

新冠の隣の静内でもこのカモの状態をうたったという歌に、

ウオルン　チカプ（水鳥が）

ホロルケ　ヘェー　ホロルケ　（啼いている　ヘェー　啼いている）

というのがある。

また長万部《おしやまんべ》にはやはりこのカモが何かしたときの仕草を真似たと思われるアウワ・リムセ（アウワの踊り）という歌舞がある。これは、

ハウワ　エ　エ

ヘ　エウタ　エ　エ

とうたいながら尻を叩いて、右を向いたり、左を向いたりして踊るものであるが、これはどういう意味があるのか、伝承者自身もわけを知っていなかった。

この鳥の歌は北海道だけではなく、樺太《サハリン》の方までも分布している。タラントマリではこのカモが「アアア　アンガ」と啼くと日和がつづき、ニシンのよい漁があるといって、北海道の子供たちがガンの列にうたったように、

アアア　アンガ　帽子をおくれ

アアア　アンガ　帯をおくれ

アアア　アンガ　靴をおくれ

とうたったという。

胆振虻田ではアウワというのはコオリガモであるともいっている。啼声の「アヲ　アヲ」からすれば、全くちがうとはいえない気もする。

カワガラス（永田洋平氏撮影）

キタカワガラス

屈斜路湖畔では、水辺にいる鳥の中で最も大切にされ、シマフクロウやエゾフクロウと同じように酒をあげられる神である。阿寒でも六本の（数多くの）欠木幣で包んでもらう神で、ウォルン・カッケウ・カムイ（水中にいるカッコォ神）と呼ばれている。近文コタンではその理由を、川の神の使いとして、魚のいることを人々に知らせるからであるといっている。カッコォと同じく雄弁の神でもあり、口達者ではあるが邪《よこし》まな赤いカッコォ神の口を塞ぐ力をもっているともいわれている。

北見美幌や石狩の空知地方ではミソサザイと同じ、トシリ・ポクン・カムイ（川岸の下にいる神）という名でも呼んでいる。これは川岸の崖下のようなところで巣をつくるからであるという。しかし日高や胆振地方や千歳ではカッケンとかカッケウとか呼び、天塩川筋ではチャケンと呼んでいる。

また十勝足寄では、この鳥の脚の白いものは、狩りの守神として木幣に包み、山狩りの小物入れに入れて持って歩いた。

オシドリ

この鳥は漁撈神《チパッテカムイ》が、春一番にコタンにおくってくれるイトウと一緒に川にのぼってくる。水底色のイトウの姿はなかなか発見できないが、美しい羽毛で飾ったオシドリは、大声で、イトウの来たことをコタンに知らせてあるいたのである。それでこの鳥はどこでも、例外なしにチライマチリ（イトウと泳ぐ鳥）と呼んでいる。

日高静内ではこの鳥をとると六代も祟るといって、とってはいけない鳥としている。またもしあやまって雌か雄をとったら、必ず相手もとらないといけないといわれたという。本州でもオシドリ夫婦といわれるほど、夫婦仲のいい鳥だから、一方が死ぬと残った方が六代も祟るのであろう。

アオサギ

あまり人間生活には関係なく、エゾハンノキの上に巣をつくったり、川岸のあたりに置き忘れられたように立ちつくしているので、天塩名寄や北見美幌、釧路春採ではペッチャ・エワク（川岸にいる）と呼び、屈斜路ではペッチャ・コアシ（川岸に立っている）などと呼ぶだけである。

サンカノゴイ

もう十年ほど前に伊達の有珠《うす》で、「沼がうなる」といって騒いだことがある。行ってみると葦原に隠れて、この鳥がウシのような声を出して啼いていた。北海道には昔からあまり来ない鳥である上に、あまり人に姿を見せず、うなるように啼くのでこのような騒ぎが起こったのである。

釧路地方で俗にペコ・チカプというのは、和人がヤチベコ（湿原のウシ）と呼んだからであろうが、古くはフムセ・チリ（ウンという鳥）と呼んでいた。知里辞典の「その他の鳥名」の中には「okéwra（オケウラ）《ホロベツ》これは wen-chikap〝悪鳥〟とされている。幌別には居ぬ。yatchi-okewra というのが、社台〔白老町〕から東の方にあり、ヤチベコという」とある。いやな鳥の一種にされていたのは、やはり得体のしれない変な声を出すからであろう。

胆振鵡川ではコノルとかフミルイ（音が強い）と呼び、この鳥は湿地の主で、悪口をいったりすると大きな声で、人間をひっくり返すという。

カイツブリ

知里辞典によると屈斜路ではこの鳥をペコ・チカプ（ウシ鳥）と呼び「鳴声が牛のそれに似ているので」とあるが、屈斜路にはこの鳥が棲息していないので、古老の思いちがいかと思う。この鳥の啼声は甲高く「キュルルル」と、何かを転がすように水面に響き、ウシの鳴声とはおよそ似ていない。この鳥の多い釧路塘路湖ではこの鳥には名がなく、ペコチカプというのはサンカノゴイのことである。

知里辞典には樺太《サハリン》でもニイトイでは「その鳴声は牛の鳴声に似ているという」とあり、ノオ（啼声）とかラリペ・チカハ（水にもぐり・食事する鳥）といって、この羽衣を着た男と道連れになった首領が、途中で野宿をしたが、

ンノー　フンキ　ポホ（ノー鳥の子守歌だよ）
ンノー　フンキ　ポホ
ンノー　フンキ　ポホ

という歌を聞いているうちに眠ってしまい、身ぐるみ盗まれたという説話が記載されている。しかしこれもカイツブリであるかどうか疑問である。

私は昔塘路湖でペコチカプはバンのことだと教えられたことがある。

兜のような冠毛を戴き、大きく鋭い嘴をしたこの鳥は、山間の渓流でジッと魚を狙っている。これをコタンでは、漁撈神《チエパツテカムイ》にいいつかって川の魚を監視しているのだといい、キサラウシ・カムイ（耳を持った神）とか、アイヌ・サチリ・カムイ（人間の川辺の鳥神？）と呼んでいる。

屈斜路コタンでは「昔、人間の娘を妻にしようと悪い企みをもったキツネが、人間の若者に化け、娘を殺して魂をとろうとした。そのとき、この鳥が古老に化けて、娘の乳房に手をのばしたキツネにキツネ自身の耳と尻尾を摑ませ、それに火をつけて驚ろかせ、娘を救って自分の妻にした」という伝説の主人公である。ところが同じ釧路地方でも雪裡《せつつり》コタンでは、この鳥が頭の真上を飛ぶと碌でなし《オマイヌコロベ》といって唾をはきかけ、不満を現わす。

幕末の北方探検家松浦武四郎の『石狩日誌』の中にこの鳥の挿画があり、その説明に「シリベツ石狩方言キサラウシチカプ、其訳頭の毛が耳の如く見ゆるよりして号しものか、飛時は灰白に見ゆれども、手に取って見れば羽毛は皆斑有る也。クスリにては其名また異る。くわしくは久摺日誌に出すものなり」とある。そして『久摺日誌』では、釧路川を舟で下る途中「石狩にて見たるキサラウシチカプと云て冑毛《アラトケ》の有る白き鳥多く啼て居たり。土人に問ふに当所にてはウリルイと言とかや」とあり、これを射落とし「拾て見るに白きと思ひしが左に無、羽毛皆斑文有」といって、大事にして舟を下す

エゾヤマセミ（永田洋平氏撮影）

途中シカを発見して発砲したが手負いになり、それを探しているうちカラスのために大事なウリルイが喰い散らされていたとある。
十勝の足寄ではこの鳥の脚が黒いものか、あるいは片翼の黒いものをとって削りかけに包み、山狩りの幸の神として持って歩いた。

アカショウビン

探検家松浦武四郎の『石狩日誌』には、エゾヤマセミと同じく図解して、「石狩方言ヲユユケ、惣て蝦夷地山深き川に有る、名は所所にて異れり、」とある。また幕末厚岸詰の藩医大内余庵の『東蝦夷夜話』の中にも、「テシカカ〔弟子屈〕の下流イショピンナイ〔磯分内〕にて一小禽を獲たりと見せらるるに、其形状ひよどりの大いさにして、嘴赤く、羽は惣体桃色なり、其名を土人に問うにカムイチリ（チリは小鳥の夷言）と崇めて捕ることをいましむ」とある。この鳥の特殊な「キョロロロロ」という啼声と、初夏の高い梢や渓流のあたりで見られる、赤褐色というよりもほとんど緋色に近い姿は、見る人に強い印象を与えずにはおかない。

別に昔の生活と特別な関係はなかったが、アイヌ名のウユィケ・チリというのは、声が震えるようにきこえるところから名付けられたものである。これが啼くと天気がくずれる、というよりも、雨が降りそうになるとこの鳥の啼く声をきくことができる。

屈斜路ではウウイケ・チリ（震える鳥）といい、千歳ではペッ・クルル（川でクルルと啼くの意か）とも呼んでいる。

カワセミ

日高平取の長知内《おさちない》コタンや釧路の屈斜路湖畔ではショカイ・カムイ（ショカイはバチェラー辞典には水神とある）といっている。屈斜路では昔魚がいなくてこまっているとき、三人の男が回転銛《マレッキ》を持って丸木舟で川に魚を探しに行った。ところが一尾の小魚も得られず、三人は舟を漕ぐ力もなくなってぼんやりしていた。そのとき、川の中の漂木に止まっていたカワセミが、突然川に突き刺さったかと思うと、白銀の腹をみせて一メートルもあるイトウが舟の近くに浮きあがってきた。夢中になった三人はそれを拾いあげて飢餓から救われた。それから人々はこの鳥を神として大事にするようになったという。カワセミにすればせっかくの獲物を獲りそこなったために神様にされたようなものであるが、そうした偶然な出来事でも、自分たちの危急を救ってくれたものは神として尊敬する人々の、素朴な信仰心というものを考え直してみる必要もあるのではなかろうか。

千歳、名寄、近文、穂別などではソカイと呼んでいる。これがバチェラー辞典にあるように、ショカイで水神の意であるかどうかはっきりしないが、釧路の塘路ではこれをはっきりチェパッテカムイ(チェプ・アッテ・カムイで魚を支配する神)であって、この鳥が飛んで行くと、魚がいるといってマレッキ(回転銛)を持って川に行ったという。また阿寒ではリヤ・エオルウシ(冬中水にくぐる)という名で呼んでいる。冬でも水にくぐって魚の動静を探る鳥神だからであろう。

セグロセキレイ

昔、まだ人間が子供を生むことを知らなかったとき、セキレイが川原の石の上をチョンチョンと歩きながら、尾羽で石を叩くようにピョンピョンやっているのを見て、はじめて男女の交合の術を知ったという伝承がある。そのためか、この鳥の偉いのが人間に憑くと淫魔《バウチ》が憑いたようになるともいう。それでたいていのところではこの鳥をオチウ・チリ(交尾する鳥)という名で呼んでいる。北見ではその他にアイヌ・ウタリ・カムイ(人間の仲間の神)ともいうが、これもやはり先の話と何か関係があるのかもしれない。

セグロセキレイ（永田洋平氏撮影）

中田千畝の『アイヌ神話』という本の中に、どこのものかは明らかでないが、つぎのような伝承が記されている。

国造神《コタンカラカムイ》がこの島の創造にかかった時、地上のほとんどは大きな湿地で、何一つ生きものもなく深い霧に包まれていた。そこで国造神はまずセキレイをつくって下界におろした。セキレイはあまりに荒寥とした世界に、手のつけようもなく困りはてて、ただ翼を振ってそこらをひょいひょいと歩きまわったり、細い脚で湿地を踏みつけたり、尾羽をぱちんぱちんと上下に動かしたりしていた。そのうちにセキレイの歩いたあとが次第にかたくかたまり、水が一方に片寄って海になり、やがて水と陸地とに分かれるようになった。国造神はこのセキレイの働きに力を得て、自分でも大鉞と鍬とで土地の形を整えた。平地になったところはセキレイが翼を払って、地面を平らにしたところであると。

胆振穂別の老婆が語ってくれたセキレイ発生の物語は、右の伝承とは全く異質なものであった。性の悪いキツツキがいて、この世界を全部自分のものにしようと、海や川の魚を皆殺しにしてしまったので、人間たちは食べものがなくなってしまった。ある村の酋長も食糧に困って、僅かばかりの残った食糧を背負い、山の神であるクマのところに行ってみた。ところがこっちも食べものがなくて、二匹の仔熊が腹ぺこで動けなくなっていた。酋長は可哀相になって自分の持っている食物をクマの仔にわけてやり、その晩はそこに泊まった。すると夢の中に、獲物をさずけるエゾフクロウが現われて、「これからお前の行く先に黒い村があるが、そこは意地の悪いクマの村だから通り越して、白い村に行きなさい」と教えてくれた。酋長が翌日出かけて行くと、夢で教えられた通り黒い村があった。酋長がそこを素通りして行くと白い村があって、村中においしそうな肉が乾してあった。白い村のクマはそれをどっさり荷物にしてくれて、「人間の村が飢饉になったのは、悪いキツツキが人間も神も全滅させようとしたのだから、明日は大きなカツラの木の下に行ってキツツキを退治するように」と教えてくれた。そこで酋長は翌日弓をもってカツラの木陰にかくれ、そこに飛んで来たキツツキの心臓の真中を射抜いて殺し、それを川の中に蹴飛ばした。キツツキの死骸は流れて海に行き、セキレイになった。

なぜこうした話が伝承されているのか明らかではない。

またこの鳥はエゾセンニュウやオオヨシキリなどと同じように、チョウザメが川に入ったことを知らせるものだったというが、この鳥が何をどうしたときにチョウザメが川をのぼるのか、これも明らかでない。

キセキレイ

セグロセキレイと区別をせず、同じようにオチウチリと呼ぶのが普通であるが、千歳のカマカコタンでは特別にキナ・オチウチリ（草セキレイ）と呼んでいる。羽毛の色が草色（黄緑色）をしているからであろう。

オオヨシキリ

この鳥のことをはじめてきいたのは胆振の虻田の老婆からであった。ちょうど近くの葦原でこの鳥がせわしく啼きたてていたからである。オオヨシキリは、

シュー　シュー　コンプルル
テー　テー　サテー
チ　ヌ　コパヌ

オオヨシキリ（永田洋平氏撮影）

コピー　ヤク

と啼いていたが、これは「ヤナギに止まるはずだったのに、ヤナギに止まるなといわれ、アシに止まるようになったのだ」といっているのだ、と老婆は説明してくれた。

その後十勝の芽室太《めむろぶと》の老婆から

クーテ　クーテ　サーチリコ　シルク　マクイ　スース　コペラ……

という、この鳥の小神典《ポンオイナ》というのをきかされた。いかにもアシの茂みで囀っている声の擬音のようであるが、老婆によるとこの小神典でオオヨシキリは、つぎのように歌っているのだということであった。

天上からおろされた私が、川原のヤナギの枝に止まろうとしたら、枝が折れてとんでしまった。それで中空で翼をふるわせて、こんどはハルニレの枝に止まったところ、これも折れて止まることができない。仕方なしにとなりのヤチダモの枝に移ったが、これも折れてしまったので、こんどは強いナラの木の枝に止まると、これもポキリと折れてとんでしまった。どこにも止まるところがないのでアシの茎につかまったところ、ゆるくゆれながら私の身体を支えてくれた。それで私の名はキーカオレウ（アシの上におりて止まる）というんだよ。

本当に神がうたっているにふさわしい、美しい歌であった。そしてこの歌がきこえてくると、十勝川にはキャビアをどっさりもったチョウザメが溯ってくるのだといっていた。

旭川の近文でも、十勝の芽室太でも、虻田コタンでもキーカオレウと呼んでいる。

クイナ

知里辞典によれば北海道西南部の礼文華《れぶんげ》、幌別や千歳でエロㇰロㇰというのは、夜になると「キョキョキョ」と啼くヨタカのことであるという。しかし名寄、千歳のカマカコタン、旭川の近文コタン、屈斜路等ではエロㇰロㇰというとクイナのことである。

日高の沙流川の上流や静内では、親不孝をしたものが罰のため鳥にされたという昔話がある。静内に伝わるものはつぎの通りである。

昔、男六人女六人の兄弟があった。この兄弟は春になってマスをとり、チタタㇷ゚（内臓や鰭、鰓蓋などを細かく刻んだ料理）をつくっても自分たちだけで食べ、シカを獲ってもおいしい脂肉は両親に食べさせなかった。そのため両親は失明してしまい、

乾いた食物　カッチ　カチ

食べる音は　ペッチャ　ペチャ

といって舟に乗り、川を流れ海に行って死んでしまった。それで親不孝な兄妹は鳥にされ、クイナになった弟はマスの季節になると、コーツ　コツ　コツとチタタㇷ゚を刻むような音を出すようになった。一番上の兄はヤマゲラにされた。二番目の女の子はアオバズクにされたため自分で水を飲むことができず、雨の降るとき木の幹を伝う雨水しか飲めなくなった。

日高沙流川の上流貫気別《ぬきべつ》コタンでは、「エロㇰロㇰはもと人間だったが、子供や舅がいるのに、魚をとって来て桜皮の俎の上でチタタㇷ゚をつくっても、子供や舅には食べさせなかった。そのため鳥にされ、今でもエロㇰ　ロㇰ　ロㇰと音をたてるのだ」と伝えている。

また屈斜路コタンに伝わる昔話では、「昔、クイナはアイヌの人たちが色々の鳥を神にして酒や木幣をあげるのに、自分たちにだけは何もしてくれないのを恨んでいた。それで人間の世界をこまらせてやろうと、大きなクマを獲って自分のわきに置き、川上を指差してはその指をなめ、川下を指差してはその指をなめて、川の魚を全部自分でとりつくす呪文をとなえた。それを見てカワガラスがそっとクイナに近寄り、傍のクマを川の中に突落として流し、かわりに木の株をクイナの傍に置いた。川を流れたクマは川下のオタスツコタンの水汲場について人々を喜ばせた。さて、呪文を終わったクイナが気付くと、いつの間にかクマが木の株になっていたので、喫驚しているとカワガラスが来て、その不心得をなじった。そこでクイナもまた数々の恨み事を述べた。カワガラスもそれを聞いて同情し、夢でオタスツの人にそのことを知らせたので、それからはオタスツコタンでもこの鳥に酒をあげるようになった」となっていて多少の救いがある。

屈斜路から国境の峠を越した、北見美幌では、エロトㇰ（?）とか、アペ・ケシ（薪の燃尻の意である。体が黒褐色で嘴が赤く、火のついた薪のようだからであろう）といって、やはりいやな鳥の一種に数え、これが啼いていると子供たちを外には出さない。

カモメ

北海道ではオオセグロカモメを一般にカピウと呼んでいる。日高の沙流川上流にカピウという地名があるが、これは昔ここにカモメが巣をつくったので、津波のあることに気付いて海岸の人が助かったからであるという（松浦武四郎『東蝦夷日誌』三篇）。理由ははっきりしないが、胆振厚真《あづま》にも頗美宇《カピウ》という地名がある。

内浦湾の八雲では、カモメはオットセイのいるところを知らせてくれる神であり、海へ漁に行って時化《しけ》にあったときにも、遊楽部の鷗神《ユーラップ・カピウカムイ》に助けを求めると守ってくれるという。また霧にまかれて方向を失ったときも、「遊楽部の鷗爺《カピウエカシ》、私はあなたの子孫ですよ、陸地を教えて下さい」と祈ると、カモメがかわるがわる来て、舟の先にたって陸の方へ導いてくれるものだという。カモメは海岸に生活している鳥で、彼らの飛ぶ位置からは陸地がよく見えるからであろう。

胆振の長万部《おしやまんべ》や虻田でも、カピウはニシンやイワシやサバの群が来たことを知らせる魚群探知器であったので大事な鳥とされていた。

カピウに対してマシと呼ぶカモメもある。室蘭の増市《ますいち》浜と呼ばれているところは、アイヌ語のマシ・イチセで、カモメのいる家の意であるといい、日本海岸の増毛もマシ・ケでカモメが来るの意であるという。

カモメ踊り（著者撮影）

宗谷の老婆に教えられたところによると、カピウは大きくて灰色の汚い色のカモメ、マシは小さくてきれいなカモメだという。また珊内《さんない》というところの島は、マシが沢山止まるのでマシソ（カモメの床）と呼んだところであるということであった。大きくて灰色の汚い色のカモメというと、オオセグロカモメの幼鳥のようである。

樺太《サハリン》西海岸ではオオセグロカモメもマシと呼んで、マシ・ヘチリ（カモメ踊り）というのがある。これは流木の上に並んで、木を削った木幣のような手草を持ち、それを上下に動かしながら、

カイヤー　カイヤー

とうたうというものである。カモメが飽食し満足して流木の上で休み、羽繕いをしながら啼いている様子をあらわしたものである。こうした踊りがあるのも、やはりこの鳥が魚を漁る人に魚群の行動を知らせたり、海霧の中で人々を陸地に導く神だからであろう。

釧路厚岸でも炉の中に魚を串に刺して立て、その魚を両手を翼のようにひろげた、二羽のカモメに扮した者が手をつかわずに取るという踊りがあったという。

千歳のカマカコタンや胆振幌別（知里辞典）では、オハイェポロ（その汁多い）と呼ぶというが、なぜそうした名がついたか明らかではない。

ウミガラス

一般には啼声からオロロン鳥と呼ばれ、ロッペン鳥などともいわれている。知里辞典によると樺太《サハリン》ではモシルンチカハ（島にいる鳥）と呼ばれているそうである。北海道では天賣島がこの鳥の蕃殖地として有名であるが、昔この島でアイヌ語で何と呼んだか、それを伝える資料が見当らない。内浦湾の漁夫たちはオットセイガモと呼んでいるが、アイヌ語でもウネウ・チカプ（オットセイ鳥）またはエレクシ・チカプ（タラ鳥）と呼んでいる。天賣島で蕃殖したウミガラスは、成長すると内浦湾の方に移動して、オットセイがタラを食料にする傍にいて、餌を拾って生活したらしい。寛政十一（一七九九）年幕府が蝦夷地を直轄したとき、幕吏近藤重蔵に従って国後島まで渡った秦檍麿（村上島之丞）という人の描いた『蝦夷島奇觀』という絵巻物のオットセイ漁のところに「獣〔オットセイ〕漫瀾に浮游する時は其側必ず鳧の如き鳥群れり、蝦夷其鳥を見て舟漕事いかにも静かに、其間凡十間斗にこぎよせ魚稃《ヲツフ》〔銛〕を以って擲獲す」とあるが、この「鳧の如き鳥」というのがウミガラスである。ウミガラスは将軍家の秘薬として大事にされたオットセイの所在を知らせる神であったし、肉もおいしかったという。それでこの鳥をとると頭を木幣に包んでお膳に入れておき、酒をあげて祀った。

ウミウ／ヒメウ

根室沖の太平洋上にユルリ、モユルリという二つの無人島がある。ユルリはウリリの訛りでウのことである。二つともウの島の意であり、モユルリは小さい方のウの島ということである。

ウミウとヒメウとを区別しないのが普通であるが、胆振の虻田ではウより小さいが首が長く、舟を上からのぞくので、チプカ・インカル（舟を上からのぞく）と呼ばれる鳥があり、これはヒメウをさすようである。また幕末の探検家松浦武四郎の『知床日誌』には、カムイワッカより斜里寄りの辺りの記事として、「爰に石門有傍に岩洞多し、其中にカウリ、と言る鳥有、水に泛ぶ事小鴨の如く、此洞中に窠あり。此所三四丁のみ群飛し、其他一疋も見る事なし。是は昔よりの事か、夷諺俗話（寛政四年串原正峯著）にも書載せたり。此鳥を土人は血道の薬也と云伝へし……」とある。これにある串原正峯の『夷諺俗話』という本には「カウリ、の事」とあって、「右カムイコタン（カムイワッカの附近）の手前にフヨマイと云所に……鯨懸穴と云あり此所岩壁嶮岨にて異鳥ありカウリ、と云大きさ鳩の如くにて頭白く惣身は茶色にて尾は瑠璃色足は朱にて冬鳥なり」とある。

知里辞典には「このka-uririはヒメウをさかす（「さすか」の誤植か）」とあるが、これらの資料の記

ウミウとオオセグロカモメ

載ではヒメウと断定することはできない。

普通病気よけの神というとアホウドリであるが、沙流川筋のある古老は、「私の家の守神はウで、流行病のときにはその舌の乾したのを削り、粉にして煎じて飲む。病魔が入ってくるとこの神は翼をひろげ、その陰で家の者をかばってくれる」と教えてくれたのでそのままを記しておく。

ケイマフリ

岩手県以北で蕃殖して、冬になると南方に渡る水禽である。昔のコタンの生活と特別深いかかわりあいがあったわけではない。名前のケイマフリはアイヌ語のケマ・フレ（足赤）が訛ったものである。

エトピリカの皮衣（北千島）

エトピリカ

北海道東海岸の孤島や断崖の草地に穴を掘り、巣をつくるという特異な習性をもっている。蕃殖期になると身体は黒褐色なのに嘴の基部は黄緑色、先の半分は美しい橙紅色、脚も赤いという特徴のある姿で、玩具の鳥のようにぎこちない飛び方をする。嘴の先が美しいのでエド・ピリカ（鼻、または嘴が美しいの意）と呼んだものである。

松浦武四郎の『納紗布日誌』では、現在の釧路浜中町霧多布の項に「鳥にはエトピリカ（海鶯歌に当るよし也）ヤエエトピリカ（大さ鵜の如く色黒く、首長く、背目ふち白く、蹼紫紅色也）」とあるが、このヤエエトピリカというのは、知里辞典ではツノメドリであろうかとしている。

アホウドリ

日高沙流川筋に伝承されている神謡につぎのようなものがある。

私の生活する沙流川一帯にシカの姿が見られなくなり、冬になってもサケが溯らない年があった。そのためピラカという私の村も食糧にこまっていた。私は母と二人でくらしていたが、母が「釧路の方は漁がよいという話だから行ってごらん」というので、私は独り東の方に旅に出かけた。幸い釧路で人のよい酋長に出会い、働かせてもらうことができた。私は秋の間そこで働き、乾魚や乾肉をどっさりもらって、いよいよ故郷へ帰ることになった。そのとき酋長は、「お前の故郷では流行病が蔓延して、一人残らず死んだという話だが、もしそれが事実なら直ぐ帰っておいで」といった。私は荷物を背負って日高に向かったが、途中襟裳岬をまわったところで、一羽の見たことのない鳥の死んでいるのを見付けた。何という鳥か知らないが大きな鳥だから、持って帰って食糧のたしにしようと、私は荷物の上にその鳥をのせて帰って来た。

故郷のピラカも近くなったので、倒れ木の上に荷物をおろして休んでいると、私の村の方から数しれない鳥が真黒く群をなして飛んで来るのが見えた。ところが、その鳥が私の休んでいる近くに来ると、どうしたことか、何もしないのに叩かれでもしたようにバタバタとおちて死んでしまった。

その鳥の群の中の特別大きな鳥が一羽、私の頭の上に来てパサパサと羽音をさせながら飛んでいたが、その羽音は「お前は心がけがよく、母親のために独りで遠くまで食糧を探しに行って来たが、私は流行病の神で、実は今お前の村を全滅させてきたところだ。これから隣村へ行こうとしてここまで来たが、お前の背負っている鳥のためにやられて、俺の仲間は皆死んでしまった。だからお前の背負って来た鳥をどこかに捨ててくれ」といっているようにきこえた。だが私は病気の神のいうことをきかず、その鳥を捨てなかった。

そして村に近寄ってみると、どこの家からも煙がたたず、私の母の家からも煙がでていないので、村の人たちは私の母も一緒に死に絶えたことがわかった。それで私は村に入らず、釧路から背負って来た食糧を「これを持ってあの世へ行って下さい」といって村の方にばらまき、釧路に戻って酋長にこの話をした。すると酋長は「それは病気よけの神様にちがいないから頭を大事に祀ろう」といって、それを削りかけに包んで守神にした。

すると夢の中に神様が現われて「私はお前を助けるために死んでいたが、お前に背負われて病気の神をやっつけた。それをわかってもらい、祀ってもらって有難い。これからも何かあったら、酒の粕の水でもよいから供えておくれ、そうしたらお前たちを守ってあげるから」といってくれた。

それ以後沙流川筋の人たちは、この鳥の頭を大事にすると、病気が流行って来ても助けてもらえるということを知ったのだ。

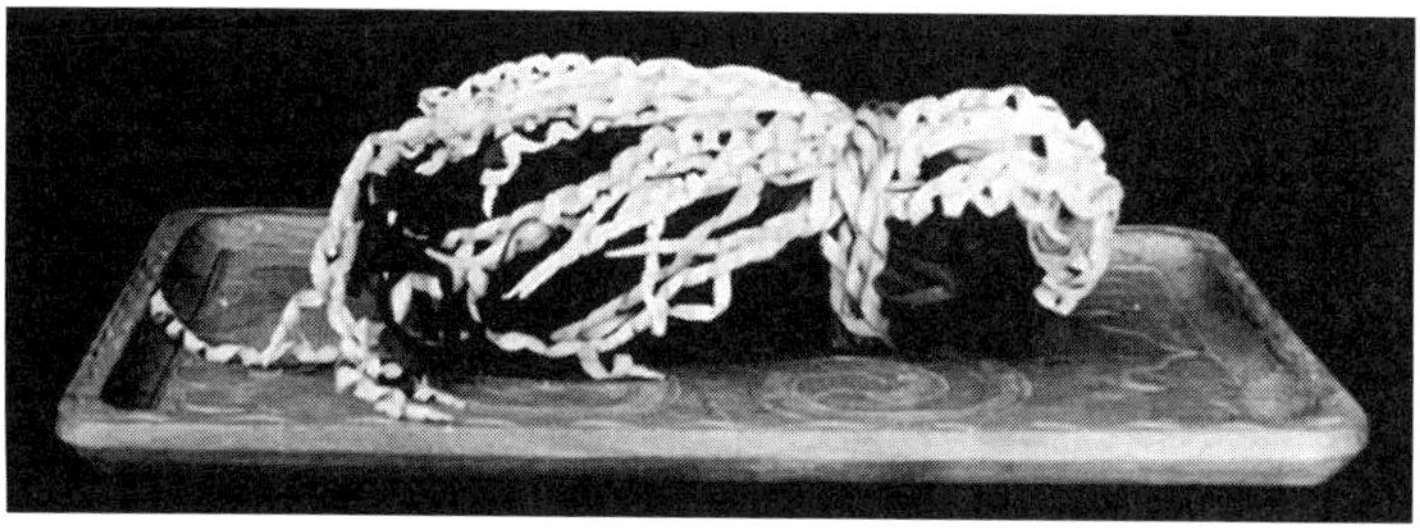

アホウドリの頭（著者撮影）

これは平取町二風谷の萱野茂さんが、昭和三十四年に私に語ってくれたものである。

この鳥が病気よけの神様であるとするのは、日高あたりまでである。釧路地方やオホーツク海岸ではシカベ、またはオンネ・トリ（大きな鳥）とかオンネ・チカㇷ（大鳥、松浦武四郎『納紗布日誌』）といっているが、神様だとはしていない。紋別辺でも、「白いの（アホウドリ）と黒いの（クロアシアホウドリ）がある。ニシンを手にもって〝シカ　シカ　シカ〟と呼ぶと寄って来て手からとるから、簡単に摑むことができた。黒いのは肉がまずく、白いのはおいしいが、どちらもあまり大事にしない」という。

日高新冠辺ではシラッキ・カムイ（占いをする神）といって、この鳥の嘴で漁の豊凶を占ったらしい。胆振虻田でも山狩りや海漁に行くとき、これを三回頭にのせておとし、三回とも自分の方に向かって立つと酒をあげ、獲物をとって帰ると木幣をあげてお礼をする。前田夏蔭編の『千島資料』（安政元年）には「シカベと称する黒き大鳥春は海辺に来る。此鳥と鷗多きを見て鯡漁の多少を占ふと云」ともある。

沙流川筋や鵡川辺まではなぜかイペスルイ・チカㇷ（空腹鳥）と呼ん

でいて、やはり漁をめぐむ神としているが、胆振幌別や虻田ではオシカンべと呼ぶ。八雲ではサイトリといって、子供を寝かせる揺籠《シンタ》をつるした紐に結びつけ、病気が近寄らないよう守神にした。

寛政二（一七九〇）年松前から江差方面に旅をした紀行家菅江真澄は、『ゑみしのさへき』という本に、クロシカベと呼ばれるクロアシアホウドリのことを記している。これによると「海の面は、たかなこらたちてあれにあれたる波のうへに、かたちは鵜のことく、鶴、くゝゐよりもいと大なるか、うかひありくを浦人にとへは、久呂斯加閇とて、始可弊てふ鳥のくすしにて侍る。斯加閑のいををくひて、骨ののんとふえにかかりて、しぬへうことの侍れば、此くろしかべの来りて、觜もて、さしつゝいていやしぬ。されば医者しかべなと、人ごとにいふといらへてき。」（秋田叢書別集『菅江真澄集』第五）とあって、咽喉にささった骨をとるのにこの嘴を利用したらしい。

また『松前志』という本には「海鳥なり。形状異体にして白色。其觜淡桃色也。足あれども後趾なく、陸行すること不能、其肉食べからず、臭気あり。其膏は燈油とすべし。両翼を延べたるところ、大なるもの一丈五尺に至る。夷方オンネチカフとも云はれ」ともあって、紋別辺で白いのはおいしいといっているのと相違している。「臭気あり」ということが病魔よけの重要な要素であったのかもしれない。

昆虫篇

爬虫類・両棲類・他を含む

虫の世界

昔のコタンの人々にとって、虫を昆虫類とか、蜘蛛類、甲殻類などと区別する必要はなかった。自分たちの生活の中に飛び込んで来て、邪魔をしたり、悪戯をしたり、時には何か役にたつ小さな生き物はどれもみなキキリ（虫）であった。なかでとくにおそろしいものや役にたつものは、キキリであっても神（カムイ）として大事にされたり、おそれられたりしたが、神といってもそれは人間の上位に君臨するものではなく、むしろ人間と同格の位置にあるもので、昔の漁撈や狩猟の生活を中心にして、それに協力したり、邪魔をするものであったのである。

オホーツク海岸の雄武と網走にキキロナイ（キキリオナイで虫のいる沢）、根室目梨にもキキロベツという地名がある。何の虫がいたのかはっきりしないが、昔の紀行文の中に、あまりカがひどいので、部落を捨てて他に移動したという記録があるので、この地名はそうした土地に名付けられたもののようである。

吸血虫

昔、人間界に悪の種をばらまきあばれまわっていた魔神を、人間界の英雄オタスツウンクル（歌棄人）が、やっとのことで捕えて殺すことができた。しかしそのままにして置いたのではまた生き返る心配があるので、魔神の上に枯木を山のように積みあげて火をつけ、六日六晩天も焦げるほど燃やしつづけて焼き払った。こうしてさすがの魔神も跡形もなく灰になってしまったので、人々はやれやれと安心し、祝いの酒盛りをして、皆酔いつぶれてぐっすりと寝込んでしまった。ところが夜中になって、焼えつきてしまった魔神の燃えかすがかすかな夜風にフワリと空に舞いあがると、羽が生えブブーンとうなって、大きなアブになって飛び去った。そして次に吹いた風に舞いあがったのが、鋭い金属音をたてて痩せたカになり、その次に煙のように黒い焚きぼこりの飛んだのがブユになった。最後に音もなく舞いあがり、寝ている人々の着物の中にもぐり込んだのがヌカカである。だからこれらの虫は今も悪魔の性がぬけず、人間のあとを追ってまつわりつき血を吸うのである。

これは釧路地方に伝わる吸血虫発生の伝承である。

アブ

魔神の灰の長男として生まれたアブを総称してシラウと呼んでいる。シラサはシ・ラㇷ゚で直訳すると本当の翼という意のようであるが、はっきりしない。胆振白老はシラゥ・オイで、アブの沢山いる所の意であるという。近年は開拓が進んだため、アブの発生する土地が少なくなってしまったけれども、北見と釧路の国境附近は昆虫学界でも有名なアブの発生地で、かつてこの地帯は、夏の間日中牛馬の通行できないところであった。またこの辺で木材の伐り出しをするところでは、アブの季節になると「アブ休み」といって、仕事を中断するほどひどいものであった。その被害のひどさは、屈斜路湖畔で私に初めてアイヌ文化について手ほどきをしてくれた古老が、「オタスツウンクルが魔神を焼いたのはあの辺であるかもしれないなァ」などといったほどである。

アブはあまり人間を目標に攻撃するということはないが、シカやクマはアブの季節になると、木陰に入ったり、風の通る木の上にあがってアブを避けるために痩せるほどであった。激しい夕立があるとアブは死んでしまうので、夕立が過ぎるとコタンでは「シカがふとるぞ」といったものである。

シラウの他にラㇷ゚チュㇷ゚ケとも呼ぶ。意味は翅がかがやき美しいということである。ウシアブやアカウシアブが黄金色にかがやく翅をしているからであろう。俗にメクラアブという、翅の暗灰色なゴマフアブも同じ名で呼んでいるところがあるが、これを特別にシパ・ラㇷ゚チュㇷ゚ケ（目をつぶっているアブ）と呼ぶところもある。

松浦武四郎が『天塩日誌』で「一種の蠅有大さ蟆有《アブ》の如し。又虻《ブト》多く其蠅に螫る時は腫悩める」と記しているのはメクラアブのようである。

カ

アブの次に魔神の灰から生まれて人間を悩ませるカは、一般にはエド・タンネ（鼻長）とかエド・タンネ・キキリ（鼻長虫）と呼ばれている。名寄地方ではエド・タンネともいうがオンネ・キキリ（歳老いた虫）ともいうらし、十勝足寄でもエドタンネの他にイピロレㇷ゚・キキリ（刺す虫）とも呼んで、名前の上でもブユと同じ仲間にあつかわれている。

アブは日中のカンカン照りのときに活動するが、カやブユは陽の照っているときあまり活動せず、夕方とか曇り日のときに、黒い旋風のように人々に襲いかかり、執拗に家の中にまで追って来て、食事をする口の中にまでも飛び込んでくる。そのため人々は炉の焚火にヨモギなどの青草をかぶせて、煙の中でなければ食事ができなかった。松浦武四郎の『天塩日誌』の中に「此辺の家の建方又石狩に異にし、内え烟を籠らす様に致す。是蚊虻を避る為なる由」とあって、わざと家の中をけむらせなければならないほどひどかったことが記されている。昆虫学者河野広道博士の報告の中にも、カに攻められて動くことのできなくなった野ウサギを見たことがあるというのがあった。

こんなに他の動物を悩ませ憎まれなければ子孫を残せない吸血虫というものも、因果な存在であるが、コタンの民話の中にそんな陰りが現われている。「昔、カとハチが一緒に酒を飲んだとき、ハチがカをからかって〝血吸い野郎〟〝血盗み野郎〟とひやかした。カは怒って仲間を集め、ハチの村になぐり込みをかけたが、ハチの持っている矢が強いものだから、カが降参してしまった」と小気味よがっている。これは阿寒に伝わるものであるが、同じ阿寒につぎのような伝承もある。

カの長老の娘が、人間の英雄オタスツウンクル（歌棄人）に懸想して、何とか自分の夫にしたいものだと胸をこがしていたが、カは誰のところに行っても叩かれつぶされるので、なかなか歌棄人に近寄ることができなかった。そこでカの長老の娘は歌棄人に夢を見せ、その中で自分の胸の中のせつなさを告白した。歌棄人はすっかりカの娘に同情してしまって、カといっても生きものである。生きるために生命がけで人間の血を吸いに来るのだから、無闇にそれを殺すことはないだろうといった。すると歌棄人のおかみさんは、いくら生きるために食いたい飲みたいといっても、食われるこっちだってやりきれたものではない、叩き殺すのは当然だといい張ったので、歌棄人はだまって裸になって外に出て行った。するとカの群が真黒くなって歌棄人を取り囲み、ありったけの血を吸いとってしまった。歌棄人はふらふらになって歩いて行ったが、立派な砦があったのでそこに入ってゆくと、立派な長老と姥とがいて、歌棄人においしい油の入った混御飯を食べさせてくれた。

御飯が終わってあたりを見ると、長老の家のさしかけのところに立派な姿をした娘がいた。そして長老は、「あんたが私たちのところへやって来たのは、この娘があなたを好きになったからである。私たちの仲間が人間に殺されてばかりいるのを、あんたが虫でも腹がへったら食べたいのだから、食べさせてやれといってくれたので、娘の仲間や家来共があんたの血を全部吸ってしまった。今あんたの食べた混御飯の油は、あんたの血の中の油を入れてつくったものなのだ。だがあなたはもう人間に戻ることはできないでしょう」といった。

歌棄人の家では夫が裸になって外に出たまま戻らないので、外に出てみると夫が死んでいるので泣く泣く葬式を出した。するとその晩、歌棄人が家人の夢枕に立って、「私はカに全部血を吸いとられて、カの長老の娘に魂をとられてしまったから、もう人間として生き返ることはできない。だから子供たちは丈夫に育ててくれ、明日の朝になって、お前たちのところに二匹のカが飛んで行ったら、それは私とカの娘の姿だから……」といった。家人はその姿を押えようとしたが、消えてしまった。

そしてその翌朝、歌棄人のおかみさんが子供にお乳をのませていると、二匹の大きなカが飛んで来て、ポタポタと涙をおとしてどこかへ飛んで行ってしまった。

どうしてこうした伝承が残されたか明らかでないが、吸血虫だからといって無闇に殺すものではないという、人間本位の利己的な社会の中では生まれそうもない話である。

ブユ

魔神の灰の第三子のブユは、雪がなくなり陽炎《かげろう》が枯草原に燃えはじめると、風に飛び散った芥のように肌に飛びつき、飛びついたと思うといきなり血を吸いはじめる。

コタンの人々はこれをポン・キキリ（小さな虫）とかイピロレㇷ゚（刺すもの?）、またはイピロレ・キキリ（イピロレ虫）とも呼んで顔をしかめる。

松浦武四郎の『天塩日誌』の中に「蚋子《ホンキキリ》多し、恰も風に糠を簸揚する如し、簇り舂て堪がたし、螌ば血出腫痛むなり」とあり、蚋子をヌカカとあるが、ホンキキリとはブユのことであり、また「螌ば血出腫痛むなり」というところからしてもブユのようである。

ヌカカ

魔神を焼いた最後の灰は、どんな僅かな隙からでももぐり込んで、燠でも押しつけられたような痒さを与える。形はブユに似ているがヌカカ科という独立した一族である。この一族は五種類にも分かれていて、一般にはヌカブユと呼んでいる。

アイヌ名ではチチョッチャッㇷ゚（われわれを刺すもの）とかイチョッチャッㇷ゚（刺すもの）、あるいはエライライ（ひどく痒い？）などと呼ばれている。

雨の降りそうになったとき、本当に魔神の灰がふりかかるかのように、人間のあとを追って来て、火の粉のふりかかるような痒さを与える。雨がふり出すと翅がぬれて行動できなくなるので、その前にはげしく生命を飛躍させるかのようである。

シラミ

アタマジラミがノミに向かって、「お前はきたない生まれだから、人間の首から上にはあがれないのだ、オレは上等な生物だから、人間の頭にばかりいるのだ」といって威張ったという民話がある。この話のように、アタマジラミは人間の身体に寄生して生活するシラミやノミ、ダニなどの代表者のようにキ（シラミ）と呼ばれている。キというのは翅のない吸血虫のどれにもつくのであるが、吸血虫でないバッタやイナゴ、カマキリなどにもつく（たとえばバッタはパッタキと呼ぶ）ので、キキリと同じようにもとは虫という意味だったのではないかともいわれている。なお、名寄ではアタマジラミの特別大きいのを、オンネ・キ（老大虱）と呼ぶことがある。

肌につく普通のコロモジラミをウル・キ（衣虱）、毛ジラミはラヨ・キといっている。ラヨという言葉はどの辞典にも見当たらないが、屈斜路コタンで最初に私にアイヌ語の手ほどきをしてくれた古老は、「ラヨったら下の方とか、隠し所とか、きたないあそこのことだど」とこっそり教えてくれた。

子供が夜泣きするときうたう子守歌につぎのようなものがある。

泣くな、泣くな、ねんねしな、お前はこの家にさずかった木幣と同じように、お前はこの家のために生きて行かねばならないんだよ、そのお前が夜泣くということはよくないことだよ、この揺籠はおじいさんのつくった、清らかな揺籠だのに、それに入っても泣くということはどういうことだ。お前が泣くと虱のたかった婆さんが来て、虱を移すよ、泣かずにねむれ、泣かずにねむれ。

（萱野茂訳）

シラミのたかった婆さんというのは、いやな存在であったようだ。シラミ退治にはニガキの皮を煎じた中に入れて煮たという。

ノミ

「お前はきたない生まれだから、人間の首から上にはあがれないのだ」と、アタマジラミにからかわれたというノミは、なぜかどこへ行ってもタイ・キといわれている。タイとは森林のことで、直訳すれば森のシラミという意味になる。だとすればダニのように思われるが、どこでもダニをタイキとはいわず、パラ・キと呼んでいる。名寄の附近にはタイキオナイ（ノミの多い川）という小川があり、そこの古老の話では「ノミは川砂からわくものだ、だから山に行くと米粒ほどのノミがいるものだ」といっていた。十勝広尾の老人の話でも「タイキとはノミのことで、今の大樹《たいき》の町の中を流れている小川をそういった。あそこには野宿するのによい砂原があるのだが、ノミがいてとても泊まれないのでタイキといったのだ」ということであった。この二人の老人とも、ノミは川の砂から出るといっている。はたしてそういうものなのか私にはわからない。

松浦武四郎が天塩川筋の音威子府《おといねっぷ》辺を旅して、ある家に入ったときの記述に、「跳蚤《タイキ》多し、我が足に胡麻を蓰かけし如く飛上るを、打払ひ〳〵するを見て、子供等大なる柳皮を剝来り我が座を作り呉ぬ」（『天塩日誌』）とある。寝台を高くするのはノミをさけるためであるともきいた。

ダニ

動物学上では昆虫と同じ節足動物であるが、昆虫類ではなく蜘形類に分類されている。しかし血を吸われる点では吸血虫の仲間である。

アイヌ語ではどこでもパラ・キ（平べったいシラミ）と呼ばれている。食いついたら離れないしつこいもののことを「ダニのような奴」というように、ダニは食いついたら自分の身体が張り裂けるほど血を吸わないうちは離れない。そのためこのパラキの活躍する季節には、ノウサギなどの中にはダニの吸殻のように痩せて、動けなくなるものすらあるそうである。これも情深い歌棄人を食い殺したカのように、生きて子孫を殖やすための業なのであろう。

「オラの孫婆が山に行ったら、大きなクマが唸り声をあげてとんで来て、婆の前に来て横になって伸びた。よく見たらダニがびっしりついていたので、それとってやったらむっくり起きあがって、またノッコラ　ノッコラ山さ帰って行った。」これは釧路の雪裡《せっつり》できいた話である。クマもダニにかかっては降参するらしい。

それでダニを摑まえると、それを殺さずに「明日行って、今日来い」（釧路・下雪裡）とか、「今日行って、昨日来い」（日高・平取去場《さるば》）などといって投げる。

有毒虫

矢毒のトリカブトを使うときに、毒の弱いものには毒のある昆虫や、マグロやキツネの胆汁、他の有毒植物などを混ぜて毒性の効果を強めた。昆虫学者河野博士によれば「昆虫類を矢毒に用いたという記録はアイヌ関係以外ではきわめて稀である。マルチニ氏の著書にアフリカのブッシュマン族が甲虫目ハムシ科のディアンフィディア・ロクスタという種類を矢毒に用いたという記録があり、パウロウスキー氏の論文にアフリカの土着民族が蟻の毒を矢毒にして利用することが述べられている位のもので、この方面の研究は海外では殆んどなされていないのである」(『北方昆虫記』)という。

長万部コタンでは「矢毒に混ぜる虫は、草の中を歩くときに、自分の身体より幅広く草を倒して歩く虫がよい。すると毒に当たったクマも、自分の身体より広く草を倒して歩くようになるから、探し易い」という。しかし草を倒して歩くなどという大きな虫はあまりみたことがない。

クサガメ

北海道では一般にヘップリムシと呼んで、その特殊な悪臭をきらっている。アイヌ名でもフラウェン・キキリ（臭いの悪い虫）とか、フラルイ・キキリ（臭いの強い虫）と呼ばれ、この悪臭の強いものほど毒性が強いといわれている。生きたままを石でつぶしてトリカブトの毒に混ぜるのであるが、これを混ぜるときは他にアシタカグモなども一緒に入れるのだという。

クサガメにはツノアオカメムシとエゾアオカメムシの二種があるが、どちらも矢毒に混ぜられる。

ミズスマシ

ペカカロプ（水の上をまわるもの）とかペカカルペ（水の上を掃除するもの）、ウンマ・キキリ（馬虫）などと呼ばれて、やはり毒性の弱いトリカブトに、タカやワシの胆汁と一緒に混ぜるが、これを入れた毒矢で獲った獲物は、手早く解体しないと毒が矢の当たったところに集まらず全身にまわって、肉が食べられなくなってしまうという。またあまりタカやワシの胆汁をつかうと、神が機嫌をそこねて獲物がさずからなくなるという。

ゲンゴロウ

ウォルン・キキリ（水中にいる虫）と一般にいわれているが、天塩川筋の名寄ではニセウ・アルケ（ドングリの半分）といい、胆振地方ではエチンケ・キキリ（亀虫）、ウォルン・ヤキ（水中のセミ）などと色々に呼ばれている。成虫を捕えて竹管に入れて乾かし、それを細かく砕いて矢毒に混ぜるという。

これを混ぜた毒矢で斃した獲物は、冷たくならないうちに解体しないと、肉が腐ってしまうという欠点があるし、この毒に当たると獲物が川に飛び込んで流されることがある。だから大川端でこれを混ぜた毒矢を使ってはいけない、と天塩川筋ではいっている。

しかし河野博士は、「ゲンゴロウ科の昆虫は信州で食用に供せられているくらいで有毒であるとは考えられない」(『北方昆虫記』)と疑問を投げている。

トビケラの幼虫

渇いた野獣たちがあやまって水と一緒にこの虫を呑み込むと、その毒のために死んでしまうといい、この虫をトリカブトの毒に混ぜると、毒の効目がひどく激しくなるという。しかしゲンゴロウと同じように、これで斃した獲物はそのまま一晩おくと、ドブドブに腐ってしまうといって、これを使うことを嫌う人もある。

川の石の下にいるのをとってつぶし、矢毒に混ぜるが、ゲンゴロウと同じく、この矢毒に当たったクマは川に入りたがるので、大川の近くで使ってはいけないともいわれている。これは、矢毒に水の中のものを使うと獲物は水を求め、陸のものを使うと陸に寄るという伝承によるもののようである。

ウォルン・ヤオシケㇷ゚（水の中にいるクモ）、ウォルン・カムイ（水中にいる神）とも呼んでいる。

マツモムシ

広く各地で矢毒に混ぜて使われる有毒の昆虫で、ウォルㇷ゚・カムイ（水の中の神）とかウオルㇺペ（水の中にいるもの）と呼ぶ。毒性はひどく強いといわれ、『北方昆虫記』（河野広通）によれば「生きた成虫をつぶして、白色の繊維とねばねばした液を得、これをブシ〔トリカブト〕に混用した」とある。また知里辞典には、「wórumpe　鯨をキテ〔銛〕で〔と〕るときそれに毒をつける。その毒はsurkuだがそれにまぜる」ともある。

これに似た小さい虫で、ウォルン・タイキ（水の中のノミ）と呼ぶものがあるというが、何虫であるか明らかでない。

ミズカマキリ

ウンマ・キキリと呼ぶところが多い。ウマ虫ということである。脚が長くウマに似た形をしているからであるが、ウマというものがコタンに姿を現わしたのは、それほど古い時代ではないから、昔からの呼び名ではなかったかもしれない。ペカオチャラセ（水の上ですべる）とか、ペカウシチャラセ

（水の上を沢山ですべる）というのが古い呼び名のようである。

胆振や日高では矢毒に混ぜて用いた。使い方はマツモムシと同じであるが、毒性が弱くあまり使われなかったという。

ハリガネムシ

円形動物中の線虫類に属するこの針金のような動物は、強い雨の降ったあとの水溜りや、水源の泉の中で白く気味悪くうごめいている。一般にケドペとかケドンペ（突っぱるもの）と呼んでいるが、胆振白老ではケドペ・トノ（ケドペ殿）とかケドペ・カムイ（ケドペ神）と呼び、ワッカウシ・カムイ（飲水の神）とかチワシコㇽ・エカシ（川口を支配する長老）と尊称するところもある。

昭和の初年、屈斜路湖のコタンの古老からつぎのような昔話をきいたことがある。

昔、アイヌが酒をあげてくれないといって怒った化物が、コタンを全滅させてやるといって山を踏みならし、人里に向かって来た。山の神であるクマは、

「人間を全滅させてコタンがなくなったら、誰がお前に酒や木幣をあげてくれるのだ、そんな莫迦なことしないでわしにまかせろ」

といって化物の前に立ちふさがった。ところが化物はみなまでいわせず、「うるさい」と一喝してクマを噛み殺してしまった。そしてなおも山をバリバリいわせて麓におりてくるので、オオカ

ミのオンルプシカムイがとめにかかったが、これも尻尾をつかまれて一たまりもなく踏み殺されてしまった。

もう憎い人間共のコタンは化物の爪のとどくところにあった。そのときヒョロヒョロと痩せて頭ばかり大きい、オッカイポ（物語の英雄歌棄人の家来）のような者が、枯れたヨモギの茎を杖にして現われ、

「化物奴！　何しに来た」

といってヨモギの杖で一突きすると、みるみる化物の身体がとけて、ガラガラと骨だけになって死んでしまった。

この痩せたオッカイポのような神様がハリガネムシであるという。ヨモギの杖の一突きで化物を斃したということは、ヨモギの薬効にもよるところであるが、この虫自身にも毒があるらしい。矢毒の中に混ぜるということはきかないが、千歳川筋ではこれに足を刺されると腐るといわれていた。

エゾマイマイカブリ

背中に鉄鋲をうったような鎧を着て、古武士のように森林の中をのし歩き、カタツムリを血祭りにあげるこの虫は、その姿からイソ・キキリ（クマ虫）という名で呼ばれ、日高沙流川筋では矢毒に混ぜたという。

ツチハンミョウ類

おしゃれな柄の上衣を着て草原を散歩するこの虫は、北海道には三種類ある。八田博士の著書にこれをトリカブトの矢毒に混ぜたとあるが、アイヌ名も知られていない。

スズメバチ

土の中に巣を営んで、それにさわるものがあると執念深く攻撃を加える、トイチセコㇽ・イカン・キキリ（土の家を持つハチ）のクロスズメバチや、クマでさえこれに襲われると閉口してしまうという、モンスズメバチのウパルシ・イカンキキリ（煤色のハチ）については、ハチ類のところでもふれるが、この他にシ・ソヤ・カムイ（本当のハチ神）とかシ・ソヤといわれるスズメバチがあって、これはオオスズメバチのようである。以上三種のハチはいずれも毒液のある尾の部分を切りとって乾燥し、粉末にして矢毒に混入した。

クマがこの連中に攻撃されて閉口しているのを見たり自分たちも散々に悩まされた経験から思いついたものかもしれない。

アシタカグモ

アシナガグモともメクラグモともいわれる。夏の夜など湿気の多い部屋の隅から、わさわさと気味悪く這い出して来て嫌われているが、コタンではアミタンネ・カムイ（爪長神）とか、アシケタンネ・マッ（手の長い奥方）などともいわれ、祭壇の守神であるヘビの奥さんだというところもある。しかしたんにアミ・タンネ（爪長）とか、チキリ・タンネ（脚長）、アミリ・ヤオシケプ（アシタカクモ）と呼ぶところもある。

なぜこのように多くの名があり、また説話がついているのかはっきりしないが、十勝ではこの虫をトリカブトと混ぜると、毒の効きめが早いといわれている。釧路山中ではトリカブトの毒の強弱を調べるとき、この虫の口に毒を塗ってためした。毒が強ければ、たちまち肢節がバラバラに離れ落ちてしまうというもので、これは広い地域にいい伝えられている。

子供の仲間

ある有名なアイヌ研究家は、その著書の中で、「アイヌには遊びが二、三種よりない、それは彼らの生活が貧しいからである」と述べている。貧しい開拓地で生まれた私はひどくそれに抵抗を感じた。玩具など買ってもらえない貧しい開拓地でも、私は花や虫や家畜の仔たちと遊ぶのにこと欠かなかったからである。

コタンの子供たちにとっても、野に咲く花だとか、小鳥や木だとかは、皆裏切ることのない仲間であり、虫でさえも何種類かは親しい友だちであった。

ヘイケボタル

夏の夜の闇の空間に、やさしくローマ字を描きながら飛ぶホタルは、夏の夜の美しい抒情詩であるが、コタンには特別の伝承もない。アイヌ名ではニンニンケㇷ゚といって、消え消えするものと呼んでいる。ところによって丁寧にニンニンケㇷ゚・カムイと呼ぶところもあるから、あるいは神謡か何かがあったのかもしれない。十勝の一部と名寄地方ではトㇺトㇺキキリ（ピカピカする虫とか光り光りする虫の意）ともいうが、この名で呼ぶのは子供たちが多いともいう。ホタルは子供たちの心の中にも、小さな淡い光をおくってくれたからであろう。また子供たちはきっと、無心にホタルの歌をうたったであろうと思われるが、現在のところそうした歌をきいたことはない。

コメツキムシ

頭をぺこぺこさげるのを「コメツキバッタのように」という。この虫は押えられるとパッチンパッチンと音をたてて頭を動かすので、古くから農耕が行なわれていた胆振穂別ではユウタ・キキリ（杵つき虫）と呼んでいるが、あまり穀物と縁のなかった釧路の山の中では、ニナ・キキリ（薪とり虫）と呼んでいる。斧で薪を伐るのに似ているからである。

子供たちはこの虫を押えて、

ニナキキリ（薪とり虫）
ニナ　ニナ（薪とれ　薪とれ）

といって、パッチン　パッチンと音をたてさせて遊んだ。

ユウタ・キキリと呼ぶところでも、おそらく杵つきをさせて遊んだにちがいない。

フナムシ

一般にヨコノミと呼ばれているこの虫は、アイヌ名ではオタ・タイキ（砂ノミ）とか、タㇺタㇺ、オタコポㇰなどと呼ばれている。大洋を目の前にした大自然の中で、この虫は子供たちのよい遊び友だちであった。釧路白糠ではこの虫を砂にうずめて、砂を叩きながら、

エ　レクチ　ドイクン　カムイ　（お前の首切る魔物）
オレパシ　ヤンナ　（沖からあがって来たぞ）
エキムン　キラ　キラ　（山へ逃げろ逃げろ）

といい、その後で砂を掘ってみると、虫はいなくなるという。知里辞典によると胆振幌別でも、やはりこの虫を砂に埋めて、

エコㇽ　フチ　（お前の婆さん）
イペ　アイケ　（食事したら）
レクチヒ　（のどに）
ポネ　ウン　ナ　（骨ひっかったぞ）
ワカタ　ワ　（水くんで）
クレ　クレ　（のませろ　のませろ）

といって遊んだとあるが、この歌の意味するところははっきりしない。

海が時化たとき、この虫が家の中に入ってきたら注意しなければならない、海の波が家の近くまであがってくるからである、というい伝えがある。この芥ほどの虫に、どうして海の時化の状態を予知する能力があるのか不思議であるが、自然の中に生きるこの小さな虫たちには、それぞれ生存するための不思議な感受性がある。それをコタンの人たちは永い間の経験から感得して、危難からのがれるのに役立てていたようである。最初の歌の「お前の首切る魔物／沖からあがって来たぞ／山へ逃げろ　逃げろ」というのも、ただの遊びではなしに、こうした現実との関係の中から生まれたもののように思われる。

カタツムリ

軟体動物中の腹足類の仲間であるカタツムリも、コタンの子供たちにとってはコメツキバッタなどと同じ遊び仲間で、キナ・モコリリ（草にいるマキガイ）とか、セイェッポ（貝の子供）、ケメチエドンペ（針をかりるもの）など色々の名で呼ばれている。

この遊び友だちは大きなフキの葉の裏などを探すとすぐに見つかる。それを掌にのせて、

ルイケㇺ　ク　エドン（太い針　かせ）
アネケㇺ　ク　エドン（細い針　かせ）

というとそろそろと触角を出してくる。すると子供たちは「ヤァ　針かしてけるとよ」と喚声をあげる。それで一切はからりとする。「でんでんむしむし　かたつむり」の歌の原型のようなものである。

ナメクジのことはカプサク・ケメチエドンペ（殻のないカタツムリ）という。

釣餌虫

魚を釣る餌のことをイモㇰという。餌は夏や秋の、魚が川に盛りあがっているときは、あまり必要としなかったであろう。冬になって、川も湖も氷で蓋をされたとき、氷に穴をあけてそこから釣りあげるのに必要であったようだ。

阿寒ではヒメマスを釣るとき、枯木の中にいるカミキリムシの幼虫を餌にして、「こんなおいしいものを食べないと、釣針の渋で口が曲るよ」といったりした。

ミミズ

環形動物形帯類というのがミミズの動物学上の戸籍であるが、コタンではカミキリムシの幼虫などと同じ魚を釣るイモㇰ（餌）の仲間である。一般にはトイ・イモㇰ（土の餌）といって、もっぱら魚釣の餌にしたが、ドニンともいい、タマクラミミズをケナシ・ドニン（木原のミミズ）とも呼んだ。

釧路や北見の山奥では土の行者だといって、ミミズの占いというのがある。これが土の中から頭だけを出して、西を指したり東を指したりするのを見て吉凶の占い《ドス》をするのである。そのとき占いをしてもらう言葉があったというのであるが、残念ながら詳しくこれについて記録したものは残っていない。北見美幌で聴いたのも、何か巫踊のようなことをやりながら「プシー　プシー　プシー」といって指で炉縁を差したということだけであった。

コガネムシ類

全道的にこの仲間は、ルイとかルイ・カムイ、あるいはシュマルイ・キキリなどと呼ばれている。ルイとは砥石のことで、翅が砥石のようにつるつるしているからかと思ったが、河野広道博士の『北方昆虫記』には「あの固いキチン質の鎧をすり合せてシュッシュッと発音する……音が砥石で砥ぐ音に似ているからである」とある。その通りであるのだろう。

コガネムシの幼虫で、農家で俗に根切虫と呼んでいるものは、アイヌ名ではトイ・キキリ（地虫）とか、ニ・イモㇰ（木の餌）といって魚を釣る餌にした。

クワガタムシ

この仲間をチクパップ（穂別、千歳）、チクパ・キキリ（十勝、旭川）、イクパ・キキリ（十勝、釧路山中）というところが多い。いずれもチンポを咬む虫ということである。子供をおどすための名のように思われるが、カムイ・キ（神のシラミ、釧路雪裡）とか、アラ・キキリ（ハサミムシ）と呼ぶところもある。

チクパップやチクパキキリ、イクパキキリというのは、いずれも雄を呼ぶ名で、雌の方はポクパップといったり、雄をオンネ・イクパキキリと呼ぶところではポンクパキキリと呼んで区別している。

カミキリムシ類

これも釧路山中ではカムイ・キ（神のシラミ）と呼んでいる。石狩川筋や十勝ではオトップドイェ・キキリ（頭髪を切る虫）と呼んでいるが、これはもと和名のカミキリムシを直訳したのではないかというのが、昆虫学者の河野博士の推理である。

この他幌別では、クワガタと同じくチクパキキリともいうそうである。

知里辞典によれば、幌別ではこれの幼虫のことをスス・キキリ（柳虫）とか、アユシニ・キキリ（センノカミキリの幼虫）と呼んだというが、一般にニ・イモㇰ（木の餌）といって、冬の魚釣の餌にした。阿寒湖では冬にヒメマスを釣るとき、キツツキが穴をあけた木を伐り倒して割り、この虫をとって餌にしたという。

その他の虫たち

トビムシの一種

ユキトビムシというのが正しい日本名であるようだ。冬の間に積り積った雪の表面がまばゆい春の光を受けてとけはじめると、南の方から、風にでも吹き飛ばされて来たかと思われるような小さな虫が雪の表面に現われて、目に見えないほどの舞踊をはじめる。まるで風に飛ばされた塵が動いているかのようで、生命などあるものとは思われないが、よく見ると低みに吹き寄せられたりして、濃紫色にうごめき踊っているのがわかる。

アイヌ語ではウパシ・ニンカプ（雪を減らすもの）とか、ウパシ・ルレプ（雪をとかすもの）と呼んで、この虫がいるから雪が消えて春がくるのだと信じている人もあるくらいである。一般にユキムシと呼んでいるが、初冬に飛んでくるユキムシは冬を運んでくる虫、この虫は春をもたらすユキムシである。

チョウ類

漁撈と狩猟を生活の中心にしていたコタンでは、花というものが重要な意味をもたなかったように、花に蜜を求めるチョウもまた、それほど注目しなければならない存在ではなかったようだ。花と同じようにその姿の美しさは、格別生活の上に意味がなかったからである。

石狩川筋のウコウㇰ・ウポポ（輪唱する歌）の中に、

エムシ　カタ　ホップロ

ホップロ　カネ　ホップロ

というのがある。このホップロがホプラㇷ゚であればチョウのことであるというが、どういうときにうたうのか、はっきり自信がないようである。

日高荻伏には、坐っていて行器の蓋を叩きながら、音頭に合わせてうたう歌に、

ハン　レウ　レウ　レ

ハー　ホイ　ヤ

というのがある。これもチョウの歌だと思うというが、やはりはっきりしないのは、あまり重要な歌ではなかったからのようである。

チョウの類を一般にマレウレウという。知里辞典によるとマ・レウレウとは、泳ぎ〔パタパタ飛ぶ

のを泳ぐとしたもの」止まり止まりするという意味から出た名であるという。意味ははっきりしないが、チョウやガを、エポラプ（頭を振るもの？）とかヘポラプと呼ぶところもある。

モンシロチョウ

雪がとけて枯草の上に陽炎《かげろう》がもえはじめると、最初に袖を振り振りあらわれるのが、シロチョウ科のこのチョウである。十勝あたりではイセポ・マレウレウ（ウサギチョウ）と呼ぶが、これは同じ頃枯草原にいるエゾノウサギが、まだ冬毛のままで、モンシロチョウと同じように白いからである。

モンシロチョウに限らず、シロチョウ科の仲間はすべて、レタラ・マレウレウ（白いチョウ）と呼ぶ。それ以外に別にこのチョウとは特別のかかわりあいがなかったようである。

モンキチョウもシュウニン・マレウレウ（黄色いチョウ）と呼ぶだけで、やはり人々の生活とは関係のうすい存在であった。

カラスアゲハ

色が黒いので一般にカラスチョウといっているこのチョウを、コタンの人たちも同じように、パシクル・マレウレウ（カラスチョウ）と呼んでいる。クンネ・マレウレウ（黒チョウ）とか、翅の裏に美しい黄色い条があるので、クト・マレウレウ（帯チョウ）と呼ぶこともある。

このチョウの幼虫はエンビッケといって、最も嫌いなお化けの仲間とされている。これをみつけると魔物を追い払うときに使うヨモギの茎を尖らせて、それで生き返らないように突きさし、川に持って行って送る（棄てる）。そうしないと何度でもこのいやらしい化物に出逢うといって嫌うのである。

キアゲハ／アゲハ

この二種類のチョウをコタンでは別種としていない。いずれも年に二回発生するが、春に発生するものを――ギョウジャニンニクを採る頃とは少しずれているようであるが――、キト・マレウレウとか、プクサ・マレウレウと呼んでいる。キトもプクサもギョウジャニンニクのことである。

夏に発生するものを釧路屈斜路ではイチャニウ・マレウレウ（マスチョウ）という。イチャニウとはサクラマスのことで、このチョウが飛びはじめるのは、サクラマスがのぼってくる知らせだったのである。十勝の高島ではカムイチェプ・マレウレウ（神魚チョウ）と呼ぶ。神魚というと普通はサケをさすのであるが、胆振鵡川ではシシャモをいい、日本海岸ではニシンをさして必ずしも一定していない。十勝地方で神魚というとチョウザメをさしているので、このチョウが飛ぶのを見て、人々はチョウザメがのぼったことを知ったのかもしれない。

繖形科植物の花の上に屯する、このチョウの幼虫をヘンビチケといって、カラスアゲハの幼虫と同じように嫌われものである。これに出逢うと顔色を変え、ヨモギの鞭を六本つくって、それで散々に打ちのめした。この幼虫は全身が気味悪い緑と黒い帯のだんだらで、紅い小さな斑点があり、触るものがあると頭の方から朱色の触角のようなものを出し、妙な臭気を発散するし、いかにも得体の知れない、魔物の落とし物のような姿であるからである。

シジミチョウ類

他のチョウに比較して形が小さいので、生活になじみ深い魚族の名をとってスプン・マレウレウ（ウグイチョウ）と呼んでいる。キアゲハがマスチョウ、ジャノメチョウがサケチョウであるのと比較した名のようである。十勝高島では瑠璃色をしたルリシジミをモユㇰ・マレウレウ（ムジナチョウ）と呼んでいるところがある。やはりクマやシカにくらべてムジナは小さいので名付けたかと思う。

クジャクチョウ

一般にフレ・マレウレウという。赤いチョウの意味であるが、石狩川筋ではアパポ・マレウレウ（花チョウ）と呼んでいる。翅をひらくと花が咲いたように美しいからであろう。

ジャノメチョウ

翅に蛇の目紋のついているこのチョウの仲間を、十勝地方ではドレㇷ゚アカㇺ・マレウレウという。ドレㇷ゚アカㇺは、オオウバユリの鱗茎をつぶして澱粉をとったあとの、澱粉粕を大きなドーナツ形にかためて乾したもので、このチョウの仲間の翅にはドレㇷ゚アカㇺの模様がついているからである。

また釧路地方ではシペ・マレウレウ（サケチョウ）と呼んでいる。このチョウが沢山飛ぶようになるとサケが川を溯るからである。

ガ類

夜の灯に群れ集まってくるガは、どれもアペエドㇺペ（火を借りるもの）と呼ばれている。胆振穂別ではスネコカㇽカㇷ゚（松明をまわるもの）と呼ぶ。夜、松明をつけて川漁に行くと、松明のまわりに集まってくるからである。以上の他にこの虫の仲間を細かく分類して名をつける必要もなかった。

毛虫

ガの幼虫である毛虫は、ヌマウㇱ・キキリ（毛の生えている虫）とか、ヌマウㇱ・イコンカㇷ゚（毛の生えているシャクトリムシ）と呼ばれている。ヌマウㇱ・カムイ（毛の生えている神）ともいうが、この神は多分に魔物的色彩をもったもので、気持の悪い、いやらしい存在とされていた。

シャクトリムシ

体を曲げて歩くのでイコンカプ（体を曲げるもの、体を丸く曲げて歩くもの）と呼ばれる。また和名のシャクトリムシ（尺取虫）と同様に、物をはかる虫（イテメ・キキリ）とか、木をはかる虫（ニテメ・キキリ）などとも呼ばれる。さらに体を曲げたところが、サケやマスを突く回転銛《マレッキ》に似ているところから、釧路地方ではマレッキ・レイェプ（回転銛〈形の〉這うもの）と呼び、十勝でもマレク・ウレプ（マレッキをのせるもの）などと呼ぶ。その他にハシ・キキリ（枝虫）など、色々な名がある。

これが家に入ってくると、朝であれば殺さないが、午後からであると熱灰をかけて殺した。

ハエ

食物や汚物のあるところにうるさくつきまとうハエ類は、どれでもモシと呼び、ウジはこれもほとんどモソシペと呼んでいる。ハエの多い年はサケが豊漁だなどといわれながらも、やはりこれにあまり出られては迷惑であったらしく、便所にバイケイソウとかカラマツソウを細かく刻んで入れたり、またニガキの煎汁を入れたりしてウジ除けにした。昔オヤウカムイという飛龍のようなものがいたと伝えられているが、それの通ったあとにはハエがたかっていて、そうしたところを通ると身体が腫れるともいわれていた。

知里辞典によれば、胆振幌別ではウジがハエになったあとの脱け殻を乾して粉にし、子供の疳の虫の薬にしたとある。便所の中にいる尾の長いウジはサルシモソシペ（尾のあるウジ）といって、ハナアブの幼虫である。

ベッコウバエ

秋の深まる頃に便所に現われる、ウシアブよりも大きなこの虫をシ・モシ（本当のハエ）とか、シ・キキリ（本当の虫）、シベ・キキリ（サケ虫）などと呼んでいる。これの多い年はサケが多いといわれているが、これはサケが川にのぼる頃に現われるからであり、これが姿を見せなくなり二十日もすると霜がやってくる。

バッタ類

バッタをパッタとかパッタキ、あるいはシペシペッキなどと呼んでいる。この虫にはバッタ踊りとか、バッタの神謡などの伝承があり、この小さな虫が昔の生活と何かかかわりあいのあったことを物語っているが、資料採取者の虫に対する知識の不足もあって、このバッタとは正しくはどの虫をさしたものか不明のことが多い。

たとえばコオロギを胆振ではクンネ・パッタ（黒いバッタ）、北見美幌ではシノッチャ・キキㇼ（歌をうたう虫）、十勝ではコロコロ・カムイ（コロコロと啼く神）などといい、刀形の輸卵管をもっている雌を特別に、エムシ・コㇽ・パッタキ（刀を持っているバッタ）と呼んでいる。またトノサマバッタを屈斜路ではオンネ・シペシペッキ（老大なバッタ）といい、キリギリスをアマム・パッタキ（穀物バッタ）とか、アマㇺ・キキㇼ（穀物虫）といっている。ツユムシの雌はやはり輸卵管がでているので、オマキリウシ（尻に小刀を持つの意）といい、カマキリさえもマキㇼ・コㇽ・パッタキ（小刀を持つバッタ）などと呼んでいる。したがってバッタ踊りの主人公や、「ナカ　ナカ　トンチマカ」という繰返しのある、女の間に伝承されている神謡の主人公が、はたしてこの中のどれであるか、判定するのはむつかしいのである。名前からみると、「歌をうたう虫」とか「コロコロと啼く神」などと呼ばれるコウロギが主人公ではないかと思われる。その神謡の大要はつぎの通りである。

バッタが部落の一番高いところにあがって、「ナカ　ナカ　トンチマカ、ソレ　マカ　トンチマカ」とうたいながら、あたりを眺めていると、人間の部落が今にも海からあがってくる津波と、山から押し出してくる鉄砲水にやられそうになっていることがわかった。バッタは急いで部落の酋長の祭壇のところへ危急を知らせにいって、「ナカ　ナカ　トンチマカ」といったが、そこの酋長は「うるさい、この化物奴！」といって、女たちに悪魔祓いのオパラパラ（裾をバサバサさせ悪臭で魔物を逐う仕草）をさせた上に、薪か何かを投げつけた。そのためバッタは片脚を折ってしまったが、どうしても人間の村が荒らされることがわかっているので、別な村の酋長の祭壇にいって「ナカ　ナカ　トンチマカ、ソレ　マカ　トンチマカ」といってうたった。するとこっちの酋長は信仰深い人であったから、バッタに礼拝をして村人を避難させた。それでこの酋長の村は津波の危難からのがれられたが、先の不信心な酋長の村は、大水のために跡形もないまで痛めつけられてしまった。

この荒唐無稽とも思える物語も、ただ退屈まぎれの創作ではあるまい。実際に津波や洪水のときに、この虫の仲間のどれかが、異常な行動をしたり騒ぐのを見て、昔の人たちは危険を察知し、危難からのがれたのであろう。その経験が文学として伝承されたことは、他の鳥や野獣の例によっても理解されることである。

石狩川筋や釧路地方にあるパッタキ・リムセ（バッタ踊り）の歌詞は、

ハエイヨー　ハエイヨー
石狩川沿いに（釧路では釧路川沿いに）
ハエイヨー　ハエイヨー
私が浜へくだる路　ハエイヨー
前で　膝頭を　すり合わせ
ハエイヨー　ハエイヨー
後ろで　羽を　すり合わせ

バッタ踊り（釧路）

ハエイヨー　ハエイヨー

私は浜にくだった　ハエイヨー

というものである。この歌詞はもともとは詞曲《ユカル》で、バッタはこうして石狩川の川口の、酋長の家の美しい娘のところに「我こそ娘の夫にふさわしい若者である」と、自信たっぷりに膝頭をこすりこすり、後ろで羽をすり合わせて下って行くのである。この詞曲においても、バッタはたんなる小さな虫ではなく、人間に災害や危急を知らせる神としての存在なのである。

昔ひどく呑ん平な亭主がいて、おかみさんがいくら着物をつくって着せても、すぐボロボロにしてしまうので、おかみさんが泣き泣き、

ク　タプケィ　（私がつづくっては）

ク　ミレ　（私が着せ）

ク　タプケィ　（私がつづくっては）

ク　ミレ　（私が着せ）

とうたっているうちに、とうとう虫になってしまったという。この虫はバッタの仲間で、秋の一番終りまで啼く虫だというが、何という虫であるかはっきりはわからない。もしかすると翅と肢をこすり合わせてキチキチと音を出すナキイナゴのことではないかと思う。この虫をアイヌ名では、キチキチップ（キチキチ啼くもの）とか、音によってシピシピ、シペシペッキなどともいっている。

ササキリ

バッタの仲間のササキリは、アワやキビなど禾本科植物の花粉に好んで集まるので、アマㇺ・キキリ（穀物虫）と呼ばれている。農耕をした地方では穀物類の守神とでも思ったらしく、子供がつかんで遊んだりすることはさせず、家の中に入って来ると大事に摑まえて、家の外の祭壇に持って行ってはなした。
千歳ではアマㇺ・キキリはキリギリスのことで、この虫の腹がふくれていると豊作だともいう。

ハサミムシ

別に生活と特別な関係もなかったようであるが、オアユシとかオアユシ・キキリと呼ばれた。オ・アイ・ウㇱ・キキリで、尻に棘を持つ虫の意である。特殊な格好をして家の隅からモソモソと這い出し、生活の身近にいたので名付けられたのであろう。

ハチ類

一般にハチの仲間をソヤと呼んでいるが、釧路、十勝の一部ではイカン・キキリ（われわれを刺す虫）とも呼んでいる。

これに襲撃されるとクマでさえ閉口するという、俗にクマンバチといっているモンスズメバチを、シ・ソヤ（本当のハチ）とか、シ・ソヤ・カムイ、あるいはカムイ・ソヤ（神バチ）などともいう。これが家の中に入ってくると幸福が舞い込むといい、このハチの毒針のところはつぶしてトリカブトに混ぜ、矢毒の効きめを強くした。

土の中に巣をつくる、俗にスガリバチというドロバチを、トイチセコロ・イカンキキリ（土の家を持つハチ）とか、ウパルシ・イカンキキリ（煤け色をしたハチ）ともいっている。

花の蜜をせっせと集める、俗にミツバチと呼んでいるマルハナバチは、なぜかモシカラレㇷ゚というところもあるが、ほとんどの地方ではモユㇰ・ソヤ（ムジナバチ）と呼んでいる。これは丸くもくもくしていて、いかにもムジナに似ているからである。

ハチの巣のことをソヤ・チセ（ハチの家）といって、ハチの巣のようにいくつも口のつく腫物ができたとき、ハチの巣を水につけておいて貼りつけるとよいと教えられたことがある。北見枝幸と美深町の境界にある函岳という山の主がハチであるといわれているのは、この山の岩にハチの巣のような穴があいているからのようである

ハチがカをからかったという話はカのところで述べたが、その他にもつぎのような伝承がある。コシンプイという六人の魔物が、ある狩人のおかみさんの美貌をねらって、何とか自分のものにしようとおしかけてきた。それを知ったハチの神は、魔物たちを巧みに自分の巣に誘い寄せて次から次に刺し殺し、狩人夫婦を救った。それ以来ハチは人間に感謝され、酒をあげてもらえるようになった。

また釧路白糠にも、つぎのような物語が伝えられている。

釧路と十勝の境の砦に老夫婦が住んでいたが、そこへ厚岸の野盗が攻めて来た。老夫婦は野盗に発見されないよう砦にこもっていたが、ある夜老婆が水汲みに川におりたところ、耳環に月の光があたって光ったために発見され、射殺されてしまった。ところが、爺さんの方は姿をみせないので、野盗たちは海岸に砂を盛りあげてクジラの形をつくり、その上に魚の皮をあげておいた。朝になるとあたりのカラスがそれを見つけ、集まって騒いでいた。砦の爺さんが寄りクジラだと思って砦を出たところ、厚岸勢に発見されキンタマに矢を射かけられた。爺さんは川の中にキンタマを落としながらも逃げたが、捕えられて殺されてしまった。

勝ちほこった厚岸勢は歌をうたいながら、舟を漕いで音別海岸の沖にさしかかった。すると突然ハチの大群が厚岸勢に襲いかかり、たった一人だけ事実を伝えさせるために生かしておいたが、

残る全員を刺し殺した。そのハチの棲んでいたところをチノミ（われわれの拝むところ）といって、音別の人たちはここを通るたびに木幣をあげていると。

これらの話にあるのはモンスズメバチのことであろう。なお、ハチに刺された夢をみると決して狩りに出かけないものだともいう。

セミ類

エゾハルゼミも、アブラゼミやエゾゼミも、例外なしに一様にヤキと呼ばれている。ヤキというのはエゾハルゼミの啼声から名付けられたもののようである。知里辞典によると樺太《サハリン》では、カラフトチッチゼミをユカラ・キキリ（詞曲虫）と呼んでいるそうである。

釧路地方に伝わる昔話につぎのようなものがある。

セミが老人の姿をしてマスの産卵する川端に小さな小屋をつくったが、この老人は他の者が魚をとりに行くと文句をつけて魚をとらせなかった。そこで英雄のポノオタスツウンクル（小歌棄人）が舟に乗って川をのぼって行くと、やはり老人が頑張っていて、「あがって来い」といった。舟をつないであがって行くと、老人は「どうして人の漁場に魚をとりに来たのだ」といった。どうせ話し合ってもわからないと思ったポノオタスツウンクルは、どんどんと火を焚いて家の中を熱くした。そのためついにたまらなくなった老人はセミの姿に戻り、「ヤキー　ヤキー」と啼いて飛んで行った。

これがどういう背景のもとに伝承されたものであるか明らかではないが、セミが老人になるということは、これの幼虫が腰の曲った老人に似ているところから連想したものかもしれない。昆虫学者河野博士の『北方昆虫記』に、「夕方、樹の幹をのこのこ昇って行く蟬の蛹はポン・サッポ・コル・ペ（小さい帽子持つ者）という地方があるが、サッポはシャッポの転訛であるから、所謂〝シャッポ〟形の帽子が入ってからの近代語である。それにしても蟬の蛹の頭の形をうまく形容していて面白い」とあるように、コタンの人々の連想はなかなかユニークである。

セミが夜啼くと洪水になるといういい伝えもある。これは、「昔、盲の老婆が、大雨のあと洪水になることを村の者に知らせて、若い者を山に避難させたが、自分は歳よりで盲だからどうせ逃れられないといって、流れて来た流木につかまって流れて行った。それを見た神様が老婆をセミにしたので、セミが夜啼きすると洪水になるのだ」というものである。

また十勝本別にも、「もと酋長であった両親を失った幼児が、山の奥で一人の老人に育てられ、一人前の狩りのできる青年にまで成長したとき、獲ったクマの取りあつかい方などを教えていた老人が、セミになった」という伝承があるなど、セミの古伝は多彩である。

トンボ類

学問的にはトンボの仲間は五つの科に分かれ、何百種かに分類されているそうであるが、コタンの人たちの目から見ればどれも同じようなものであったらしく、「臍を叩く虫」という名で統一されている。

もっとも、胆振や日高ではハンク・チョッチャ・プ（臍を突くもの）とか、ハンク・チョッチャ（臍を突く）というが、十勝や釧路ではハンク・カチュイ（臍を突く）といい、石狩川上流や天塩川上流ではハンク・カチュウ（臍突く）と呼ぶというように、地方によって少しずつちがっている。

知里辞典によると「これがたくさん群れている所へ行き合わせると縁起がよい」とある。

北見美幌ではクマ送りのとき、クマのお土産としてもたせる花矢の鏃に、トンボの模様を刻む人があった。なぜだかわからないが、昔から先祖がやっているのだということだった。

テントウムシ

ドキ・キキリ（大盃虫）、イタンキ・キキリ（お椀虫）と呼ぶのは、昔酒を飲むのに用いた赤や黒の漆塗りの大盃《ドキ》や、お椀によく似ていたからである。水にいるゲンゴロウと同じようにニセウ・アルケ

（ドングリ半分）というところもある。別に特別生活と関係のある存在ではなかったが、その名に昔の生活が反映されていて面白い。

ミノムシ

この虫の雄の成虫は翅があるので、一般のガと同じようにアペエドㇺペ（火を借りるもの）と呼んでいる。河野広道博士の『北方昆虫記』には、「雌の成虫は翅がなく、幼虫時代につくった蓑状の筒の中に入っているので、幼虫と同じチセコㇽキキリといふ」とある。このチセコㇽ・キキリとは家を持っている虫ということである。

オオゾウムシ

長い口吻を木の幹に突っ込んで、樹液をむさぼっているオオゾウムシのことを、十勝足寄ではチㇷ゚タ・キキリと呼ぶ。チㇷ゚タは舟を掘ることで、クマゲラのチㇷ゚タ・チカㇷ゚（舟を掘る鳥）が枯木に穴をあけるのに似ているからであろう。

アリ

ヤイサマというアイヌの叙情詩は、一面で「くどき節」のような性格をもっているものであるが、釧路地方のヤイサマのなかにつぎのようなものがある。

私はその人ばかりをたよりにして一緒に暮らしていたのに、その人は今はすっかり心変わりをして、別な女をもって、私を粗末にするようになった。私はこれまで、その人にとても普通では作って着せられないような着物を着せ、とても大事にしていたのに、残念で残念でたまらない。顔は煤け顔で、胸は鳩胸、尻は棚尻で、腰といったらアリみたいなのに、あんな女のどこがよくて私をなげて、私を泣かせるのか、ああくやしい。

ここでアリのように腰の細いということが、不美人の姿としてでてくる。アリが働きものであるというような南方のたとえ話にはない比喩である。それは自然を相手に漁狩猟生活をする人々にとって、あくせくと思い煩い働きつづける生活は、決して美徳ではなかったからである。しかしアリが巣を出て一生懸命にものを集めると雨が降るとか、凶作の年にはよくものを集めるものだと、鋭い敏感な観察をしている。

翅のない普通のアリのことは各地でイドンナップとかイドナㇷ゚と呼んでいるが、翅のあるアリはガと同じように火に集まるので、アペエドㇺペ（火を借りるもの）と呼んでいる。しかし地方によっては、細かく分けて色々に呼ぶところもある。名寄では大アリをシ・イドナㇷ゚（本当のアリ）と呼び、一番小さいのをアシポ・イドナㇷ゚（つんぼアリ）、赤アリをニウェン・イドナㇷ゚（いがむアリ）、羽アリをラㇷ゚シ・イドナㇷ゚（羽のあるアリ）と呼んでいる。十勝ではクマが好んで食べる大きなアリを、カムイ・イドンナㇷ゚と呼んでいるが、旭川でエペレ・イドンナㇷ゚（仔熊アリ）と呼んでいるのも、クマがそれを好むからであろう。

冬眠するクマは秋のうちにアリを掌でつぶしてすり込んでおき、空腹になるとその掌を舐めるという俗説がある。真偽のほどはわからないが、クマ（神）は朝食のお汁の中にアリを入れて、オワッカㇷ゚という御馳走にするのだなどともいう。だから人々は、山の中の腐った木の株をひっくり返し、クマがアリを舐めた跡を探って、クマの跡を追ったものであるという。

アリが人間に化けるということがいわれている。雄のアリは人間の男に化けて女をたぶらかし、雌アリは女になって男を籠絡するものだというが、くわしくは伝えられていない。アリがモソモソと人間の着物の中に忍び込むところから出たものかと思われる。

日高の新冠《にいかっぷ》と静内との境に一七四八メートルのイドンナップ岳という山がある。なぜアリ岳と呼ぶのかこれまで誰も明らかにしていない。イドンナップチセ（アリの巣）でも沢山あるからであろうか。

初冬の風のない青く凍った空気の中を、生命があるとも思われない焚き埃のように、羽を震わせて流れるように飛ぶユキムシを、日本名と同じくウパシ・キキリ（雪虫）と呼んで、これが飛ぶようになると間もなく雪が降るといわれている。

内浦湾の八雲ではシシャモ・キキリ（シシャモ虫）などとも呼んでいる。この虫が飛びはじめると海が荒れ、間もなくシシャモが群をなして遊楽部《ゆうらっぷ》川にのぼりはじめるといって、シシャモ漁の用意にかかったのである。同じ内浦湾でも虻田ではシシャモはとれないが、この虫が飛ぶとトウベツカジカとかケムシカジカという魚がとれはじめるといって、ナヌウェン・キキリという名で呼んでいる。ナヌウェンとは顔がみにくいということであるが、この虫の顔がみにくいということではない。トウベツカジカの顔がみにくいので、このカジカをそう呼んだのであり、トウベツカジカ虫という意味である。この虫が沢山飛ぶ年はこの魚が豊漁であるといわれた。また北見美幌ではシベキ（サケ虫）といい、これが沢山飛ぶとサケが豊漁であるというなど、いずれの地方で漁撈と関係づけている。

しかしユキムシの正式な和名はトドノネオオワタムシといって、トドマツやヤチダモの根に寄生する、森林害虫とのことである。

アワフキムシ

知里辞典ではニナ・キキリとあるが、ニナキキリとはコメツキムシのことで、木を伐る虫という意味である。十勝足寄ではミナ・キキリで飛ぶ虫の意だときかされたが、ミナは笑うということで、飛ぶという意味があるときかない。疑問のままにしておくよりほかない。

サナダムシ

扁形動物のこの寄生虫は、昔もコタンの人々を悩ませたらしく、パラカンカン（幅の広い小腸）とか、パラカンカン・キキリ（パラカンカン虫）と呼んだ。知里辞典にはイネテム・キキリ（四尋虫）とも呼んだとある。

カイチュウ

サナダムシと一緒に腸に寄生して人間を悩ませる線形動物のこの虫を、ドイ・ウン・キキリ（腸にいる虫）とか、ドイ・キキリ（腸虫）といって特別の話題にはならないが、いやな虫の一種であったにはちがいない。

クモ

節足動物のこの仲間はとても数えきれないほどいるが、コタンではどれもヤカラ・カムイ（網をつくる神）とか、ヤコㇽ・カムイ（網を持つ神）、またはヤオシケㇷ゚（網をあむ者）という名で呼ばれている。

人間でも容易に出来ないような網をつくったり、何か意味ありげに人間生活の中に割り込んで来たりするので、多少気味の悪い存在としてカムイ（神、魔）と呼ばれたらしく、この虫は多くの伝承を生んでいる。

たとえば、「家の天窓からスルスルと糸をつたっておりて来て、美人の寝床に忍び込んで孕ませ、その許嫁の為に談判（チャランケ）をつけられたが、平あやまりにあやまって漁狩猟の守神になり、そのために人間から酒や木幣をもらえる神になった」とか、またある伝承では、「川岸におりた一匹のクモが後脚を地につけ、前脚を天につけて一本のトドマツに化け、山からくだってくる神々をその木の下におびきよせた。神々はそこに仮小屋をつくって野宿したが、クモは夜ふけになって皆が寝静まると、天上につけた脚を縮め、網をかぶせて神々を捕えた。ところが夜が明けてみると、風の神だけが網からのがれていた。それで今でもクモと風の神は仲が悪く、クモが巣をかけると風の神が来て破るのだ」などというものである。

日高富川の伝承者鍋沢モトアンレク翁の『川上人《ペナンペ》と川下人《パナンペ》』の物語にもつぎのようなものがある。

ペナンペがいた、パナンペがいた。

島の真中に大きなエゾマツが立っていたので、パナンペが行ってそれに登ってみると、遠い神の国、近い神の国、アイヌの国や和人《シサム》の国がよく見えた。なぜかそれ以来パナンペには運が向いてきて、生活も豊かになり、たのしい生活を送っていた。そこへペナンペが来て、

「お前は私と同じ貧乏人だったのに、どうして親方《ニシパ》になったのだ」

と訊ねた。パナンペが、

「まァ坐れ、御馳走でも食べてから教えてあげよう」

というと、ペナンペは、

「そんなこととっくに知っているよ、憎いパナンペ、俺が先にやろうと思っていたことを先まわりしおって……」

といって、片足をあげて入口に小便をかけ、ぶりぶりいいながら行ってエゾマツに登り、遠い神の国、近い神の国、人間の国を見ているうちに、木をゆすぶりはじめた。

そのエゾマツは島の中心の土台になっている木だったので、大地がゆれはじめ、もの凄い地震になって、神の国も人間の村も目茶目茶にこわされてしまった。そこで文化神アイオイナカムイとヤウシケップカムイ（クモの神）とが、ペナンペ退治に出かけた。クモの神は木にのぼって行っ

て網をかけようとしたが、あまりペナンペがひどく木をゆするので、さすがのクモの神も振り落とされてしまった。そこでアイオイナカムイが刀を抜いて登って行ったが、これも切りつけないうちに振り落とされてしまった。

しばらくして気がついてみると、ペナンペの姿が見えない。そこで占ってみると、東の方の魔神のところに行っていることがわかった。追いかけて行くとペナンペは山に行っていて、魔神だけが留守居をしていた。そこでクモの神は水汲み場に行って銀の網を張り、アイオイナカムイは金の魚になって待っていた。すると魔神が水汲みに来てそれを見つけた。魔神は大喜びで金の魚をすくいあげて家に持って帰り、それを鍋で煮ているとペナンペが帰って来た。魔神が金の魚の煮たのを出すと、ペナンペは椀の中を見ていたが、突然椀を投げ出して逃げ出してしまった。またまた逃げられてしまったので占ってみると、こんどは北西の大魔神のところに宿をとっていることがわかった。文化神とクモの神はさらに追跡したがまたも逃げられたので、アイオイナカムイは天上の神のところに抗議を申し入れた。すると天上の神のいうことには、

「ペナンペはもと天上にいた者で、頭もいいし、神通力をもっている。ところが天上の大事な巻物を盗んだために、地上に逃げていたものだ。彼奴は息が強くて、殺されてもまた直ぐ生き返る痴れ者だから、これからは奴が何をしても満足にいかないようにするので、それで我慢をしろ」

ということであった。それからはペナンペが何をしても失敗ばかりするのであると。

ここではクモは文化神に協力する善神である。この物語の中で東と北西に魔神の国があるのは、こ

の方向から悪天候をもたらす風が吹いてくるからである。

また北見美幌の伝承に、「ある神様が世の中にあまりに虫が多過ぎるので、それを片付けようとした。ところがオニグモのヤカラカムイトノ（網をつくる神の殿様）がその神様と雄弁を競いあい、問答をしながら網をつくって、神様にかぶせて殺した。そのため今でも世界中に虫がどっさりいるのだ」などというのもある。

このようにこの虫の説話が多いのは、人間生活の周囲にあって、網をつくって虫を捕え、漁網の知識を人間に知らせたことに関係があるようである。漁の神であるという発想も同じ意味によるものであろう。釧路地方では虫の中で一番偉いのはクモで、その次がクマンバチであるといっている。

十勝地方では、朝、肩の上や頭に白く小さいクモがあがると、神々の出入りする神窓のところに持って行って置き、「よい神様よ、あなたが私にして下さったように、どうか私によいことをさずけて下さい」といって祈るという。そうすると山に狩りに行っても必ずよい獲物がさずかるし、川に行っても大漁にめぐまれるものであるといい伝えている。

胆振穂別では、子負いグモが地上につくる巣の凹みが深い年は豊作で、浅い年は凶作であるといい、また巣に蓋をかぶせると雨が多い冷水害年であり、巣が川上に向かって尖っていたり、高いところに巣をつくる年は水害があるといって、この虫のもっている自然に対する反応に気をくばっている。

サンショウウオ

別に昔の生活にそれほど深い関係のあるものではなく、むしろ嫌なものの一つであったらしい。名寄で聴いた話ではこれが山の狩小屋の中に入って来ると、カエルが家に入って来たときやるように頭から灰をぶっかけて、外に投げ出して、

「もう一度入って来てみろ、火の中に投げ込んでやるから」

と毒づいたという。

知里博士によると、胆振幌別ではオチウ・チェッポ（交尾する小魚）とか、パウチ・チェッポ（淫魔の小魚）といったという。パウチとは人間を色情狂にする魔物で、これを追い払うのに、オオバセンキュウ（パウチ・キナ）やカラハナソウ（パウチ・プンカル）という草を使うが、サンショウウオもこれに使ったという。淫魔もたじろぐいやらしい生物なのかもしれない。

一般にはホマ・ルラ（卵の塊りを運ぶ）とか、ホマ・ルラプ（卵の塊りを運ぶもの）、チポロ・ルラプ（卵を運ぶもの）という名で呼ばれている。

トカゲ

金色に輝くトカゲの尾を木の枝で叩くと折れる。それを山猟の守神にして家の中の祭壇に祀り、獲物のあったときにはその血を塗って大事にしているのを、昔、屈斜路湖畔の部落で見たことがある。なぜこれが猟の守神になるのか、そのときききそびれ今もって謎のままである。白いリスとか何か、思いがけないめずらしいものが手に入ると、それを守神にすることがあるので、これもその一種であるかもしれないが、別な理由によるものかどうか、今ははっきりしたことをいうことができない。

永田方正の『北海道蝦夷語地名解』の中で、日本海岸の厚田の地名を、

元名アーラベツ　蜥蜴川ノ義、往時トカゲ多ク由テ川ニ名ク、アーラハアーラムノ短縮語ナリ、又ハハラムト云フ

とある。たしかにトカゲはアラムとかハラムといい、南富良野町にもパンケヤーラ川とペンケヤーラ川という地名があって、現在でもトカゲの多い川であるという。これもやはり、昔は縁起のいい川とされていたようである。

エゾアカガエル

サンショウウオと同じく、ノソノソ家の中に入って来たりすると、頭から熱灰をぶっかけられて追い出される嫌われ者で、オワッ（啼声）とかテレケㇷ゚（跳ねるもの）という。ビッキ（日本方言）という名前をきいただけで、イムという陽性ヒステリーの神経病になる女の人があるほどいやがられる。

この世にいたとき悪いことをして死んだ人間の魂が、あの世に行くことができないので、まだ生きている人間をあの世に連れて行くために、カエルになって途中から戻って来るのだといわれているからである。

太平洋岸の虻田につぎのような民話がある。

ある男が嫁をもらった。ところがこの嫁が性の悪い女で、はじめはおとなしそうにしていたが、だんだん本性をあらわして、夫の両親を邪魔にして呪い殺し、自分の夫までも殺してしまった。その後女は六人も夫を取換えたが、みんな女のために生命を失ってしまった。これを知った神様がカンカンになり、女をテイネポクナシリ（湿原の地獄）に投げおろし、そこで煮えたつ釜に投げ入れた。そして神様は、

「私はお前をよい人間につくったはずなのに、お前は悪いことばかりして多くの人を悩ませた。だから罰としてお前をこんなめにあわせるのだ。これでもまだ生きかえるなら、お前は湿地や沼に棲む悪魔になれ、そしてお前の子供たちは痩ガエルになって沼の中を跳ねまわり、もしも再び人間の家に行ったら、頭をつぶされ灰をかけられて、外に投げ出されるだろう」

といった。こうして神に呪われたので、悪い女はカエルになってしまった。だからカエルの手や足には人間の女の文身と同じ模様がついているのだ。

また吉田巌氏が『人類学雑誌』に発表された、日高地方に伝承されている物語はつぎのようなものである。

昔、虻田部落にサカナという兇猛な酋長がいた。サカナは村で彼を憎まないもののないほど惨忍無慈悲な男であったが、サカナの弟のセタシは兄とは全く反対の情深い男で、世間の評判もよかった。セタシはサカナの死んだあと村人におされて酋長になり、セタシ（イヌの糞）という名もシタプカンデと改めた。さてこの酋長が死んだとき、一族の者が駈けつけたが、すでにこときれて一言も話をきけず悲しんでいた。すると急にシタプカンデが息をふき返して話しはじめた。

「皆よく聞け、俺があの世に行ってみると、テイネポクナシリに、俺の両親も兄のサカナもいたが、兄は生前弱い者をいじめ苦しめた罰で、夫婦で小さな家におし込められていた。夫婦は時々神様の前に裸で連れ出され、沼に突き落とされ、銛で突かれて水に沈められ、浮きあがるとまた沈められているうちに、とうとう二人ともカエルになってしまった。すると父と母が私を呼んで、兄のように悪いことをするとあの通りにされるが、もう私たちの力ではそれを助けることができないのだといって嘆いていた」

そう語り終るとシタプカンデはまた静かにもとの死に還って行った。

さらにもう一つ、私が昔、屈斜路湖畔の語部から採話した物語がある。

昔、沢山の宝物を持って豊かにくらしていた歌棄《おたすつ》の人が、人がよいためだまされて宝物を皆とられてしまい、それを気に病んで病気になって死んでしまった。それを知った子供のヤイウェンデ少年が腹をたて、急に気が荒くなって、むやみに犬を蹴殺したり、子供仲間と喧嘩をして怪我をさせるなど、手のつけられない乱暴者になってしまった。そこで叔父が心配して、少年を小屋の中にとじ込めておいた。するとある日のこと、ヤイウェンデ少年が耳をすましてきくと、小屋の入口にある木や草がヒソヒソと話し合っているのがきこえてきた。それによると酋長の妾《ポンマチ》が、酋長がクマを獲るたびに皮張りをさせられるのがいやで、酋長が猟の守神にして祭壇に大事に祀ってある宝物の鍔《セツパ》を、こっそり持ち出して土に埋め、それに糞尿をかけて獲物がないように呪いをかけた。そのため獲物もさっぱりとれなくなった上に酋長は病気になり、死にかけているというのであった。そこでヤイウェンデ少年は小屋をとび出し、酋長の危機を救った。この話を石狩の人たちがききつけ、「そんな偉い子供を閉じ込めておくのは気の毒だ」といって迎えに来たが、悪いカエルどもがギャァギャァとやかましく鳴きわめいて、石狩人が迎えに来ているという草木の話を、少年にきかせないように邪魔をした。そのため石狩の人たちもついに腹をたてて帰ってしまった。気の毒に思った尊い神様は、そのことを少年に告げると共に、「カエル共はお前の未来の妻になる娘を自分のものにしようとたくらんで、その魂をとって殺そうとしているのだ。その悪だくみをお前に知られたくないので、石狩人に逢わせないように邪魔をしたのだ」といわれた。驚いた少年は急いで小屋をとび出し、今にも涙で送られて墓に運ばれようとしている娘の葬式を止め、娘の寝ていた床の下を調べた。すると大きなカエルがでてきたので、怒りにまかせてそれを踏みつぶすと、カエルの身体の中から二つの黒い玉がでてきた。少年はそれを死んだ娘に呑ませ、大ガエルを鎌でズタズタに切り刻んでから、娘の身体をゆすぶると、死んだ娘が息をふき返した。

以上のようにカエルに関係した話は、いずれも悪の象徴のようで、一つとしてよい話はない。それはこの生物の姿から来る憎悪感によるものであるようだ。

アマガエル

コケコケ（啼声）、コケコケㇷ゚（コケコケと啼くもの）、コケコケ・カムイ（コケコケと啼く神）、ケッケチㇷ゚（ケッケッと啼くもの）、あるいはクッカ・ルイケㇷ゚（唐鍬をとぐもの）などと色々の名で呼ばれている。エゾアカガエルほどいやがられもしないが、いい伝えもない。

ヘビ

コタンの古老たちの間で、ヘビほど話題の多い生物は少ない。日高静内では、ヘビが地上に棲むようになったいきさつを、つぎのように伝えている。

ヘビはもと天上にいて人間と同じようにイヌを飼い、魚をとったりシカを追い、人間と同じ食物を食べて生活し、話をすることもでき、姿も人間に似ていたが、非常に兇悪な性質をもっていた。国造神が地上をつくって天上に還り、かわって火の女神が地上に降りるときに、火の女神が好きでたまらなかったヘビは、何とかして一緒に地上に行きたくて、同行してくれるように懇願した。

だが火の神は「私と一緒に行ったらお前は焼け爛れてしまうからやめた方がいいよ」とさとして断った。ところがヘビは、「どんなに苦しくとも、死んでもいいから是非連れて行って下さい」といってきかないので、火の神はヘビと一緒に稲妻に乗って地上めがけて飛びおりた。その速力があまり早かったため、地上に飛びおりたところに大きな穴があいたので、ヘビはその穴の中に棲むようになった。その穴は地獄までも通じているといわれ、そのヘビが人間に姿を見せるときは、何か危害を加えるときだから注意しなければならないと。

また同じ静内で、「天上の国から人間の国におろしてくれと、ヘビが天上を支配する神にたのんだとき、〝人間に悪戯をせず、人間の畑に害をするスズメだのネズミを退治しろ〟といいつかっておろされた。だから人間に悪いことをすると、ヘビは先祖に訴えられるということだ」ともいっている。

ヘビが天上からおりたということは、稲光が金色の蛇体に見えたからであろうと思われる。雷神のことをカンナ・カムイ（上天の神）といってヘビの神であるといい、「雷神の妹が人間の英雄に横恋慕したため、英雄が妻につらくあたるようになった。そのため妻は家出をするが、それが雷神の妹の仕業とわかり、妹は鎌で切られて地獄におとされ、謝罪してフキにされた。だからフキの枯れたのはヘビに似ているのである」などという伝説もある。このようにヘビと雷神とは同一視され、「雷がおちてきたので見たら、頭に角のあるヘビのような格好をしていた」などといわれたりしている。

ヘビは一般にトッコニ（トッコニは普通マムシのことであるが、ヘビをおそれてこの名で呼ぶところがある）とか、コッコプ（おそろしいもの）、キナスッン・カムイ（草の根元の神）、あるいはタンネ・カムイ（長い神）などといわれている。しかし地名などでヘビの多いところという場合は、それらの名を呼ばずにイ（それ）という言葉を使う。後志の日本海岸の余市《よいち》はイ・オチで、ヘビの多いところの意である。それはいずれも、ヘビをおそろしいものとする気持が現わされたものである。元来神というものはすべておそろしいものであったようである。

日高地方など農耕が古くから行なわれた地方では、家の外の祭壇の傍に穀物の殻を捨てる、ムルクタ・ヌサ（穀殻祭壇）というのがあって、ここの御神体はヘビであるといわれている。穀物の殻にはネズミやスズメが集まるので、ヘビがそれを狙って常にこの祭壇にたむろしているからであろうと思われる。流行病がはやって来たときには、部落中から山菜の乾したものやタバコ、乾した魚などを集めてお膳に入れ、火の神にわけを話してからこの祭壇に持って行ってここの神にたのむと、病魔を追い払ってくれるという。

ヘビの守神

やはり日高地方に、ヤナギの木の削りかけでヘビの形をつくり、イノノカ・カムイ（ヘビの形をした神）といって、女性のお守りとしているところがある。これをひそかに持っていると運がよくなるともいい、そうした地方では、アオダイショウが家に入って屋根裏に棲んでいたりすると、家が豊かになるともいわれている。その他の地方でも狩りに行ったときに、性のいいアオダイショウを見ると狩りの幸を祈願し、もし獲物があると、帰りにお礼として木幣をつくり、獲物の肉とともにヘビを見

ヘビの守神（日高）

たところに置いてきたりする。空知川筋ではヘビがからまり合って交尾しているのを見て、それを人に言わずにいると運が開けるともいわれている。

ヘビが人間界の飢饉を救ったという、つぎのような伝承が日高静内にある。

シカもサケもなく木の実すらなく、人間の部落が飢饉に見舞われたときに、クマの神が心配してシカを支配する神とサケを司る神のところに交渉に出かけた。しかしどちらの神も、人間共の日頃の心がけがよくなく、せっかくおろしてやっても粗末にするから、もうやるわけにはいかないという返事であった。クマの神は仕方なく戻ってきたが、途中に大きな家があって、そこの乾棚にどっさり魚が乾してあった。クマの神は自分も腹がへっていたので家に入り、わけを話してたのむと、何か偉そうな神がお膳一杯に食物を入れて出してくれた。お礼をいって食べようとして見ると、お膳にはヘビの死骸が一杯に入っていた。クマの神はびっくりしてお膳を投げて逃げ帰り、いったい俺にあんなことをする者は何者だろうとよくよく見ると、その者が身仕度をして外に出て行くのが見えた。そしてシカの神のところに行って「何とかシカをおろしてやれ」といったが、シカの神は背中を向けて相手にしなかった。するとその偉そうな神は、

「よし、それなら俺がお前を食ってやる」

といって急に大きなヘビの姿になった。びっくりしたシカの神が庫から編袋を持ち出して、袋の中のシカの骨を山の上にばらまくと、たちまち山の中がシカの群で一杯になった。ヘビの神は次に魚の神もおどかして、海にも魚を一杯にしたので、人間の部落は再び豊かに活気を取り戻した。

この伝承の陰に何があるかはっきりつかめないが、クマの神がヘビの死骸を見て逃げ出すのは、童話的創作ではない。実際にクマはヘビが大嫌いで、ヘビを見ると夢中でなぐって逃げるので、クマに追われたときには縄を曳きずって逃げると、クマはヘビだと思って追って来ないものであるという。このことからも、ヘビが危難から人間を救ってくれる神であると考えることは、決して迷信などではない。

また胆振鵡川の奥の穂別にある、シュマロッネという部落では、ここに棲むヘビ神に酒をあげることを例としている。寛政元（一七八九）年、千島のクナシリ島で起きた蝦夷乱のとき、胆振地方の部落の代表者が勇払に集められ、釣天井で殺害されたことがある。この鵡川の川上の部落の人々も、そうした謀略があるとは知らず、丸木舟で川をくだって来た。ところがシュマコッネ（現在の国鉄富内

線旭岡駅の対岸）のところまで来ると、川の中に大きなヘビがいて、舟に向かって口をあけて襲いかかり、どうしても通ることができなかった。そのため、あやうく釣天井の難をのがれることができた。それでここの神に対して感謝するのであるということである。

また釧路の屈斜路湖畔のコタンで聴いた話にも、「あるとき部落《コタン》に津波が押し寄せたとき、ヘビが海岸に出て来て波の寄せてくる方に、あっちに行ったりこっちに来たりして、ついに津波を海岸から陸にあげなかった」とあるなど、ヘビに危急を救われた話は無数にある。

ヘビの憑神

日高のある地方では、女性が何となく健康のすぐれないときは、古老がヘビの形をつくって火の神にたのみ、それで病人の身体をさする。するとヘビの神が病気の神を追い出し、かわってその人の守神になり健康をもたらすという。しかしそうして病気の癒った人はヘビが憑神になって、巫術をするようになったり、陽性のヒステリーといわれているイムという、神経病になったりする。ヘビが憑いてトスという巫術をする人は、木を削った削りかけでヘビをつくり、それを腕に巻いたり、首にかけてトス・シノッチャ（巫術歌）をはじめたり、何か言葉をかけると憑神のヘビが語り出し、託宣をするのである。ヘビが憑いてイムをする女性をイム婆《バッコ》とか、トッコニ婆《バッコ》といったりする。

この他ヘビの入った温泉に直ぐ入るとよく効くなどともいわれ、おそれられている一面超自然的な信仰にもなっている。

ヘビの祟り

ヘビを殺すと祟りがあって、病気になったり財産を失ったりするといっておそれられている。そんなときにはどういうわけかクルミの木で木幣をつくって謝罪するというところが多い。千歳では「ヘビに祟られると目が悪くなったり、ルイレキや腫物が出る。そんなときはクルミの木で削りかけをつくって、赤い布と縒り合わせて火の神にたのみ、病人の首にかける」といい、胆振穂別では削りかけでヘビの形をつくり、ヘビの好きなものを供えてあやまるとよいという。新冠や北見の美幌でもクルミの木で木幣をつくってあやまる。それでクルミの木幣はヘビ以外には決して使うことがないという。

しかし日高静内や北見美幌の隣りの阿寒では、イヌエンジュの木の木幣であやまるという。阿寒では「ヘビに祟られて病気になったときは、エンジュの木で六本の棍棒木幣《シド・イナウ》をつくり、同じ木で小さな矢筒や太刀の形を六つずつつくって木幣にさげる。それを盆に入れて火の神の前におき、〝何かヘビが機嫌をそこねているらしいが、これをあげるからヘビ神によく話をして病気を癒して下さい〟といって頼み、その木幣を藪に持って行って立てる」という。

その他日高沙流川の川口の富川のように、病気除けなどに使うエゾニワトコで削りかけをつくり、病人の首にかけるというところもあるが、胆振虻田ではバッコヤナギで木幣をつくり、沙流川筋でも特別の木でなく、普通の木幣と同じようにヤナギでもつくるという。

一般にヘビと関係のあるのは男性よりも女性の方で、それで樺太《サハリン》ではヘビにあわないように、織形科植物のアマニュウの葉を帯や襟にはさんだり、手にこすりつけたりする。そうするとヘビはこの草が嫌いだから、その人に近寄らないといわれている。

また竹や木片でつくったムックリという紫笛をならすと、ヘビが集まるから、夏にはムックリをならすものではないともいう。

穴に入るヘビを嫌う

どういうわけかヘビが穴に入るのを見るとよくないと、各地できかされた。もし見かけたら無理やり引き出して殺し、ヨモギの茎を尖らせたものを六ヶ所に刺して、生き返らないようにするものだという。私も子供の頃親たちからそんなことをいわれたように思うが、あるいはコタンの古老にいわれたのであるか、今となってはたしかめることができない。

穴に入りかけたヘビは容易に引き出せない。親指を内側にして摑むと引き出すことができるといわれたが、これもためしてみたことがない。ある老人は小さなヘビが穴に入るのを見たが、その年クマのためにひどい怪我をさせられたという。

日高と胆振の国境を境にして、父と母をちがった呼称で呼ぶところがある。それはつぎのような伝説によるものだという。

日高門別の奥のある猟師が、川の水源に狩りに行ったところ、大きなヘビが石を咥えて岩崖を這いのぼり、岩の穴に入ろうとした。猟師はこれは大変だとヘビを押えようとしたが間にあわず、

ヘビは穴に入ってしまった。岩穴なので掘り出すこともできずぼんやり立っていると、穴の中から、

「ハポ　ヘー、エヤポ　ヘイ、ハポ　ヘー、エヤポ　ヘー」

と子供たちのさわぐ声がきこえてきた。そこで猟師は穴の入口から声をかけて、

「お前たちはお母さんをハポ、お父さんをエヤポといって喜んでいるようだが、今石を咥えて入って行ったのはお前たちの親なのだろう、それで私もこれからはお前たちと同じように、母親をハポ、父親をエヤポと呼んでお前たちと親類になるから、どうか悪いことのないようにしてくれ」

とたのんだ。すると急に穴の中がシーンと静かになったので、ヘビが承知してくれたものとして村に帰り、村の者たちと相談をして、それまでミチと呼んでいた父親をエヤポと呼び、トットと呼んでいた母親をハポと呼ぶようになった。

これらのいい伝えはどういう根拠があって信じられ、伝承されたか今急に理解できないが、昔、何かそれが真剣に伝承されるだけの理由があったようである。

ヘビという言葉を嫌う

山に狩りに入ったときには海の物の名をいうことを嫌い、塩のことを灰といい、コンブを木の皮、海を湖などと呼ぶ。これと同じように、海に漁に出ると山の動物の名をいうことを忌み嫌い、ウサギ

ということを 波が出るといって柴折りという名で呼ぶというように、海では陸のクマとかオオカミの名をいってはいけないとされていた。なかでもヘビという言葉は最も忌み嫌った。

海漁ばかりでなく一般でも、ヘビのアイヌ名であるトッコニとかオヤウ(毒飛龍)という言葉を使うことをさけた。さきにもふれた地名の余市のように「それの多いところ」といったり、カムイナイ(神の沢)と呼んだりしたのである。話の中でもヘビとはいわず、チホマㇷ゚(われわれのおそれるもの)とか、タンネ・カムイ(長い神)などといい、シマヘビをルオ・カムイ(縞のついている神)、カラスヘビをパシクル・カムイ(カラス神)とかクンネ・カムイ(黒い神)、ジムグリをフレ・カムイ(赤い神)などと呼んでヘビという言葉をさけている。

毒飛龍

日高の山奥に住む兄弟二人の猟師が、ある夏チロロというところに狩りに出かけたところ、何ともいえない強烈な悪臭がして、兄はそのため全身が腫れあがって動けなくなった。弟はやっとの思いで兄を家に連れて帰ったが、毒気の悪臭のために同じ家に置けず、別に家を造って住まわせ、神頼みによってやっと癒すことができた。

この毒のある大蛇の話は、日高を中心にして、太平洋岸にひろく分布しているが、この大蛇を一般にサクソモアイップ(夏にいわれぬもの)とか、ラプシ・カムイ(翼を持っている神)、オヤウ・カムイ(異形な神)などといっている。また積丹の山にも、ラプシ・トッコニ(翼を持っているヘビ)という大蛇がいて、胴体は俵のように太くて黒く、頭と尾の方は細く、翼が生えていて夏にだけ行動するが、寒さに弱く、これが通ったあとは木も草も枯れるといい、その姿を見たものは悪臭のために髪は脱け落ち、全身が腫れあがるといわれている。あまりの悪臭で病気の神も近寄らないので、この大蛇があらわれると疱瘡も流行しないなどといわれているが、その実体が何であるかはっきりしない。

ヘビになった宝物

「昔、他の部落《コタン》を荒して宝物を奪う野盗が横行したので、宝物を人に知られないキムンプ（山の庫）に秘かにかくし、〝もし人に見つかったらヘビになれ〟と呪いをかけたという。だから山の洞窟にヘビがいるのは、昔秘蔵した宝物の姿である」という伝説がある。また網走海岸の二ッ岩というところにヘビが多いのは、「昔、この岩の上に魔者が棲んでいたので、それを退治するために、美幌にあった宝刀を借りて魔物に投げつけた。宝刀は魔物を捕えてバリバリ食ってしまったが、絶壁の上に投げつけられた宝刀は、だれも取りに行くことができないので、そのままヘビになって断崖にぶらさがるようになった」とか、「昔本州から来た弁才船が津波に押しあげられ、川上で難破して岩になり、その縄が腐ってヘビになったので、その岩にはヘビが多い」などとも伝えられている。

胆振穂別の鵡川上流に大崩というところがある。そこは両岸の切り立った岩山であるが、いついってもマムシがいて、マムシの臭いが気味悪くあたりに満ちているといわれている。このマムシが昔の野盗の群のなれの果てであるという伝承がある。

野盗たちがオホーツク海岸の方から、鵡川筋の部落《コタン》が豊かであるときききつけ、山越えをして夜襲をかけるべく川をつたってここまでやって来た。すると川岸の岩の上で子供を背負った一人の女神が、赤い布で鉢巻をして踊っていた。野盗たちはそれが自分たちを鼓舞してくれているものだと思い、そこに野営したところ、夜中になって急に両岸の岩が崩れおちてきて、ことごとくその下敷きになって死んでしまった。この野盗たちの魂がマムシになったのである。

この伝説はその時、子守のために連れてゆかれた女の子が、一人助かって逃げ帰り、村に報告して伝えたものであるといい、これに似た伝承が各地にある。

一般にマムシのことをトッコニといっている。知里辞典には「ドㇰ・コ・ニウェンで凸起していがむの意であるか」とある。「碌でなし《ウエンペ》！　この蝮《トッコニ》の頭《サバ》め！」などと悪口に使われたりもする。またカミアシ（化物）と呼ぶこともある。

日高沙流川筋では春早く、はじめてマムシに出逢うと、

「今日、お目にかかりましたから、来年までお目にかからないことにしましょうね」

などと敬遠の挨拶をした。

あとがき

昭和十七年に私がはじめて、アイヌ文化について書いた『コタン生物記』という本は、前後三年ほど生活をした屈斜路湖畔のコタンで、実に心の澄みきったよい伝承者たちにめぐまれて、書きとった訊き書きをまとめたもので、新書判で二百頁に満たない小冊子であった。

私の生地に近い屈斜路湖畔は、北海道でも山懐の深い奥地で、農業開発では後進地帯であったため、コタンの人たちにとって割に近年まで、昔ながらの生活が可能な土地であった。したがって古いしきたりや伝承が最近まで多く残されていたが、交通が不便なこともあってそれらの調査もあまりされることがなかった。こうして、早くから本土の文化と接触のあった北海道の西南部では消え去ったものが、意外なほど多く温存されていたため、今から見るとまことに稚拙きわまる私の報告文に、思いがけない反響があった。しかし一般にはあまり売れる本ではなく、戦後まで古本屋の片すみで、埃をかぶって積まれていたものである。

最近になって、それを覆刻したいという大変有難い話も再三あったが、すでに三十余年の昔、私の杜撰な調査である上に、海洋の生活のない山中の一地方だけのものであり、今にしてはとてもそのまま世に問うものではないので、辞退し続けていた。本書は、こんど周はじめさんや稲義人さんのすすめで、長男に資料の整理を手伝わせ、その後の調査と古い資料などからのものを加えて、全く新しく書き改めたものである。前のものに比較すると、量的には四倍も多く、前書にはなかった海の獣や魚族、水禽なども加えることができた。

書中多くの先輩諸氏の、貴重な資料や研究論文を使わせて頂いた。とくに故知里真志保博士の『分類アイヌ語辞典』第一巻の植物篇と、第二巻の動物篇は『知里辞典』と略称して、多く引用させて頂いたことを感謝したい。

また私の我儘でうるさく、何度も何度も邪魔な調査にかかわらず、いつもあたたかく大らかに迎えてくれて、アイヌ文化の本質に手を曳いて近づけてくれ、じっくりと慈雨のように私の心をうるおしてくれた、数多くの古老たちは、もうほとんどこの世にはなく、耳をすませばしーんとしてあたりに物音一つしない。ただこの本を書いているとき、私のペンが走りすぎたりすると、「ちがうぞ、うそを書いたらだめだぞ、知らないことは知らないと書け」という叱咤の声がきこえてくるようだった。

これは私と息子の著書というよりも、雪山のように浄らかにかがやいていた、古老たちのかわりに、私たちのペンが原稿紙の上を走ったものであるといった方が、正しい表現かもしれない。

一九七六年初冬　札幌円山山麓にて

更科　源蔵

新版あとがき

本書の前身となった昭和十七年発行の『コタン生物記』序文には以下のように書かれている。「明治二十年代に奥釧路に移住した父は、コタンの人達に寒地生活の方法を学び、作物の作り方や病気のときの薬を分けてやったりして、コタンの人の隣人になってから、私の子供時代に家を訪れる人は和人よりも、アイヌの方が多かった。そうした中で私は育った。そうして亦それらの人々の友であった。本書に集録したものは、前後五、六年の屈斜路湖畔にあるコタンでの生活のうち、自然科学に関するものを知りたいという私の希望にコタンの人達、特に今は亡き盲目の老酋長カムイマ弟子勘次とその老妻ノク猪狩トセとが答へ語り教へて呉れたものであり、北海道アイヌ全般のものとしては勿論不完全至極なものである。然し今にして全道をめぐって調査することは少し遅きに失しているし、その時間も今興へられていないので、過去十数年間に書留めて置いたものだけをまとめてみることにした」

また、昭和六年七月八日の日記には「三時間目の体操に地名もしらべがてらイカシの家の方へ遠足した。丁度イカシが居てくれて、カムイレユク傳説を話して呉れた。大変面白くきこえた。…池の湯に行ったらノクがいて湖畔の□□や中の島に強い種族がいて戦争に滅された話をしてその戦跡のある事を話して呉れた」とあるように、カムイマ弟子勘次やノク猪狩トセと日常的に深い親交があった様子が見てとれる。
昭和十七年発行の『コタン生物記』の概要であるが、「野鳥篇」は昭和九年十月に雑誌「野鳥」に「屈斜路コタンの群鳥郡」という題で発表したものに多少筆を加へたもので、「野獣篇」は「北海道帝国大学新聞」に「コタン動物記」として発表したものに、やはり加筆したものである。他は全部未発表のものである。「樹木と雑草に就いては宮部金吾博士に、野獣、魚族、鳥類に関しては犬飼哲夫博士に、又昆虫類は河野広道博士に、それぞれ御校閲載き、貴重な資料、写真等を貸与下さった北大図書館、北大植物園、北大博物館、中西悟堂氏に深甚の謝意を表します」とある。

昭和五十一年発行の『コタン生物記』（法政大学出版局）は、「…私の生地に近い屈斜路湖畔は、北海道でも山懐の深い奥地で、農業開発では後進地帯であったため、コタンの人たちにとって割に近年まで昔ながらの生活が可能な土地であった。したがって古いしきたりや伝承が最近まで、多く残されていたが、交流が不便なこともあってそれらの調査もあまりされることがなかった。こうして、早くから本土の文化と接触のあった北海道南西部では消え去ったものが、意外なほど多く温存されていた…これを覆刻したいという大変有難い話が再三あったが、すでに三十余年の昔、私の杜撰な調査である上に、海洋の生活のない山中の一地方だけのものであり、今にしてはとてもそのまま世に問うものではないので、辞退し続けていた」（「あとがき」より）という経緯があったが、古いカードの再稿と「コタン探訪帖」（昭和二十年代〜昭和四十年代）全十九冊、「コタン探訪日記」一冊の採集の関連項目の抜粋、その後の調査、貴重な資料、研究論文の抜粋等をまとめ、刊行したものである。「あとがき」には「多くの先輩諸氏の貴重な資料や研究論文を使わせて頂いた。とくに、故知里真志保博士の「分類アイヌ語辞典」第一巻の植物篇と第二巻の動物篇は「知里辞典」と略称し、多く引用させて頂いたことを感謝したい」とある。

最後に復刊にあたり、写真に写っておられる方々を特定し、ご許諾をいただくために御尽力いただいた北日本文化研究所の藤村久和氏、花輪陽平氏、北海道アイヌ協会の方々（ご連絡が取れなかった方もいらっしゃいますが、もしお心当たりの方がいらっしゃいましたら編集部までご連絡いただけましたら幸いです）、推薦文をいただいた『ゴールデンカムイ』作者野田サトル氏、復刊の話をいただいた青土社の篠原一平氏、福島舞氏に感謝いたします。

二〇二〇年九月

更科　光

全Ⅲ巻総索引

カ　行

サ　行

タ　行

ナ　行

ハ　行

マ　行

ヤ行

ラ　行

ワ　行

本著作は一九七七年二月に財団法人　法政大学出版局より刊行されました。
底本には一九九二年七月に刊行された新装版を用いました。

当書籍には今日一般的に不適切と思われる表現、語句がありますが、
本書発行時の時代的背景および作品価値等を考え、原文のままといたしました。

更科源蔵（さらしな　げんぞう）
1904年、北海道弟子屈町の開拓農家に生まれる。麻布獣医畜産学校に学ぶ。詩人・随筆家として、またアイヌ文化研究によって知られる。著書に自伝的エッセイ『原野』（法政大学出版局）をはじめ、詩集『種薯』『凍原の歌』など五十余冊がある。「アイヌの伝統音楽」約二千曲の録音・訳詞により、第18回NHK放送文化賞受賞。1985年9月25日逝去。

更科　光（さらしな　こう）
1948年、北海道札幌市に生まれる。1970年、北海学園大学卒業。会社勤めのかたわら父・源蔵の資料整理を手伝う。

コタン生物記　Ⅲ
野鳥・水鳥・昆虫篇　新版

2020年10月30日　第一刷印刷
2020年11月10日　第一刷発行

著　者　更科源蔵・更科光

発行者　清水一人
発行所　青土社

〒101-0051　東京都千代田区神田神保町1-29　市瀬ビル
［電話］03-3291-9831（編集）　03-3294-7829（営業）
［振替］00190-7-192955

印刷・製本　ディグ
装丁　大倉真一郎

ISBN978-4-7917-7180-6　Printed in Japan